BIBLIOGRAPHIA LACTARIA

PREMIER SUPPLÉMENT (1900)

OUVRAGES DU MÊME AUTEUR

Notes sur l'hygiène et la protection de l'enfance, d'après des études faites à Berlin, Saint-Pétersbourg, Moscou, Vienne et Budapest. Paris, 1897, Masson & Cie, 176 p. in-8°.

Quelques observations sur l'alimentation des nouveau-nés et de l'emploi raisonné du lait stérilisé. Paris, 1897, O. Doin, 153 p. in-8°.

L'allaitement mixte et l'allaitement artificiel. Paris, 1898, Masson & Cie, 659 p. in-8°.

Les troubles gastro-intestinaux chez les enfants du premier âge. Paris, 1898, Masson & Cie, 276 p. in-8°. (*Thèse.*)

Hygiène de l'allaitement. Paris, 1899, Masson & Cie, 198 p. in-12.

Bibliographia lactaria. Bibliographie générale des travaux parus sur le lait et l'allaitement jusqu'en 1899. Préface de M. E. DUCLAUX, membre de l'Institut, directeur de l'Institut Pasteur. Paris, 1901, O. Doin, XII-584 p. 8°.

N.-B. — Les acquéreurs de la *Bibliographie générale* recevront gratuitement ce premier supplément contre l'envoi à M. O. DOIN, éditeur, à Paris, du BON joint à l'ouvrage.

BIBLIOGRAPHIA LACTARIA

PREMIER SUPPLÉMENT

(*Année 1900*)

A LA

BIBLIOGRAPHIE GÉNÉRALE

DES

TRAVAUX PARUS SUR LE LAIT ET SUR L'ALLAITEMENT
JUSQU'EN 1899

PAR

LE Dr HENRI DE ROTHSCHILD

Lauréat de la Faculté de Médecine.

PARIS

OCTAVE DOIN, ÉDITEUR

8, PLACE DE L'ODÉON, 8

1901

Tous droits réservés.

TABLE DES MATIÈRES

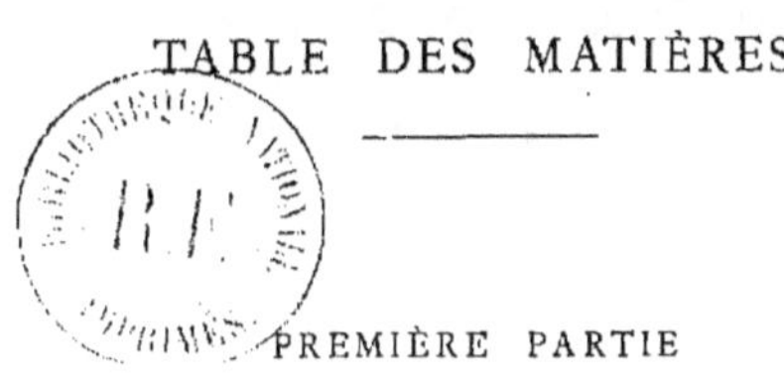

PREMIÈRE PARTIE

LE LAIT

DEUXIÈME PARTIE

ALLAITEMENT

TROISIÈME PARTIE
BREVETS D'INVENTION

BIBLIOGRAPHIA LACTARIA

PREMIER SUPPLÉMENT (1900)

PREMIÈRE PARTIE

LE LAIT

I. – GÉNÉRALITÉS

1. Conringius (H.). — Exercitatio physiologica de lacte. *Helmestadii*, 1648, 8°. **1648**

2. Zieglerus (J.). — De lacte. *Basileæ*, 1659, Typis G. Deckeri, 12 p. 8°. (*Diss.*) **1659**

3. Verryn (J.). — De lacte. *Traj. ad Rhenum*, 1666, Officinâ F. Strick, 10 p. 8°. **1666** (*Diss.*)

4. Borellus (J.). — Panagronopia generalis & specialis, seu dissertatio de lacte, **1704** variis hujus speciebus & partibus : butyro, sero & caseo. *Tiguri*, 1704, Typ. Bodmeriano, 24 p. 8°. (*Diss.*)

5. Prauserus (Th.). — De lactis natura, usu et abusu. *Lugduni Batavorum*, 1706, **1706** Abraham Elzevier, 77 p. 8°. (*Diss.*)

6. Anel. — Observation sur un fœtus renfermé dans une espèce de sac formé **1724** par le chorion et l'amnios, attaché à un placenta épais de deux doigts, rempli d'une liqueur assez semblable au lait, tant par sa couleur que par sa consistance. *Hist. de l'Acad. roy. d. sc. de Paris*, 1724 ; 24.

7. Lichenstein (R.-G.). — Abhandlung vom Milch-Zucker. *Braunschweig*, **1772** 1772, 8°.

8. Franzius (J.-G.-F.). — F.-J. Voltelenii ex promontorio Bonæ Spei Batavi de **1779** lacte humano eiusque cum asinino et ovillo comparatione observationes chemicæ, accesserunt H. Doorschodti de lacte atque J.-G. Greiselii de cura lactis in arthritide commentationes. *Lipsiæ*, 1779, J.-G. Bueschelii viduæ, xvi-308 p. 12°.

9. Colombier. — Du lait considéré dans tous ses rapports. *Paris*, 1782, 8°. **1782**

10. Parmentier & Déyeux. — Neueste Untersuchungen und Bemerkungen über **1800** die verschiedenen Arten der Milch. Aus dem Französischen von Scherer. *Jena*, 1800, 8°.

1839   11. Cattaneo (A.). — Il latte e i suoi prodotti. *Milano*, 1839, Vedova di A. F. Stella & Giacomo figlio, 483 p. 12º. (1 pl.)

1845   12. Clemm (C.-G.). — Inquisitiones chemicæ ac microscopicæ in mulierum ac bestiarum complurium lac. *Gœttingæ*, 1845, Off. Dieterichiana, 44 p. 8º. (*Diss.*).

  13. Huzé. — Du lait et de ses emplois en Bretagne. *Nantes*, 1845, 12º.

1847   14. Ferris. — Die Milch. Preisschrift der Aerzte zu Edinburgh. Uebersetzt von Michaelis. *Leipzig*, 1847, 8º.

1849   15. Fincke (B.-A.-L.). — De lactis immutationibus et in specie de lacte cruento. *Halis Saxonum*, 1849, Typis Schmidtianis, 32 p. 8º.

1856   16. Reveil (O.). — Du lait. *Paris*, 1856, A. Lacour, 140 p. 4º. (*Thèse d'agrég. p. l. sc. phys.*)

1857   17. Bouchardat (A.) & Quévenne (Th.-A.). — Du lait. 1er fascicule : Instruction sur l'essai et l'analyse du lait (chimie légale du lait). 2e fascicule : Du lait en général. Des laits de femme, de chèvre, de brebis, de vache en particulier. *Paris*, 1857, Veuve Bouchard-Huzard & Germer-Baillière, 112 & 210 p. 8º.

  18. Lévy (M.). — Traité d'hygiène publique et privée. (3e éd.) *Paris*, 1857, J.-B. Baillière, 2 vol. 8º. (Lait : 1; 769-779. — 11 ; 634, 673).

1860   19. Debay (A.). — Hygiène alimentaire; histoire simplifiée de la digestion des aliments et des boissons à l'usage des gens du monde. (Chap. xvi. Lait, crème, beurre, fromages.) *Paris*, 1860, E. Dentu, vii-532 p. 12º.

1875   20. Arndt (P.). — Die Kuhmilch, ihre Erzeugung und Verwerthung. *Breslau*, 1875, W.-G. Korn, 100 p. 16º. (Abbild.)

1879   21. Freytag, Werner, Eisbein, Fleischer & Havenstein. — Die Kuhmilch, ihre Erzeugung und Verwerthung. Ein praktisches Handbuch in Vorträgen, gehalten in dem Hörsaal der kgl. landwirthsch. Akademie Poppelsdorf. (2. Aufl.) *Bonn*, 1879, E. Strauss, 8º.

1881   22. Wagner (L. von). — Milch, Butter und Käse. Praktische Anleitung zur rationellen Behandlung von Milch, sowie Gewinnung von Butter und Käse, etc. *Weimar*, 1881, B.-F. Voigt, 297 p. 8. (145 Abbild.)

1896   23. Pearson (R.-A.). — Facts about milk. *U. S. Depart. Agricult., Farmer's Bull.* 42. Washington, 1896, 29 p. 8º.

1897   24. Gautier (A.). — Leçons de chimie biologique, normale et pathologique. (59e leçon : Le lait. Ses caractères généraux, sa composition, ses principes immédiats.) *Paris*, (2e éd.) 1897, Masson & Cie, 826 p. 8º. (110 fig.)

  25. Hugounenq (L.). — Précis de chimie physiologique et pathologique. *Paris*, 1897, O. Doin, iv-612 p. 12º. (111 fig.) (Lait : p. 404-424.)

1898   26. Stohmann (F.). — Die Milch- und Molkereiproducte. Ein Handbuch für Milchtechniker und Nahrungsmittelchemiker. *Braunschweig*, 1898, F. Vieweg & Sohn, 1031 p. 8º. (Abbild.)

1899   27. Lindsey (J.-B.). — Milk and cream. *46. Ann. Rep. Massachusetts St. Bd. Agricult.*, (1898). Boston, 1899; 346-368.

1900   28. Biedert (Ph.). — Wasser und Milch. II. Milch. *Bl. f. Volks-Gsndhlspflg.*, 1, München, 1900; 39.

  29. Cat (A.). — Alcoolisme chez la femme. *Paris*, 1900, J. Rousset, 110 p. 8º. (*Thèse.*)

30. Dickson, Malpeaux (L.) & Dorez. — Le lait et les aliments artificiels. *Laiterie*, x, Paris, 1900; 143. **1900**

31. Hirschfeld (F.). — Nahrungsmittel und Ernährung der Gesunden und Kranken. *Berlin*, 1900, A. Hirschwald, vi-261 p. 8°. (Milch, Milchonserven, Milchpräparate: p. 7, 30, 100, 130, 163, 234.)

32. Houdet (V.). — Lait, beurre et fromages (tome xii de la Petite Bibliothèque agricole pratique). *Paris*, (1900), A.-L. Guyot, 121 p. 8°. (48 fig.)

33. Klimmer (M.). — Die Milch, ihre Eigenschaften und Zusammensetzung. *Arch. f. wissensch. & prakt. Thierheilk.*, xxvi, Berlin, 1900; 40-69.

34. Lezé (R.). — Le lait et les vaches laitières. *J. d'agricult. prat.*, i, Paris, 1900; 505, 562, 780.

35. Mantegazza (P.). — Intorno alle latte. *Tereiatria*, iv, Pesaro, 1900; 5.

36. Martel (H.). — Le lait. *Hyg. usuelle*, vi, Paris, 1900; 119.

37. Portanier. — Le lait. Quelques considérations sur les différentes sortes de lait. *Nice*, 1900, Barral frères, 16 p. 12°.

38. Rotch (T.-M.). — Proceedings & addresses of the 4. General Conference of the Health Officers in Michigan, (1899). *Lansing*, 1900, 8°. (Milk; its production, its care, its use. : p. 132-136.) — *Boston M. & S. J.*, cxliii, 1900; 49-51.

39. Torre (del). — Latte : suo valore nutritivo, sue alterazioni e sofisticazioni. *Padroncina di casa*, i, Milano, 1900; 42.

40. Wing (H.-H.). — Milk and its products. A treatise upon the nature and qualities of dairy milk and the manufacture of butter and cheese. (3. ed.) *New York*, 1900, Macmillan Co., xiii-311 p. 12°. (with fig.)

41. Raynaud (J.). — Lait, beurre et fromages. *Paris*, (s. d.), A.-L. Guyot, 192 p. 32°.

II. — LAITS DE FEMME, DE VACHE, DE CHÈVRE, ETC.

42. Littré (E.). — Œuvres complètes d'Hippocrate. Traduction nouvelle avec le texte grec en regard. *Paris*, 1861, J.-B. Baillière & fils, 10 vol. 4°. (Lait : de chèvre : v; 323. — vii; 149, 229, 239. — viii; 75, 103). **1861**

43. Littré (E.). — Œuvres complètes d'Hippocrate. Traduction nouvelle avec le texte grec en regard. *Paris*, 1861, J.-B. Baillière & fils, 10 vol. 4°. (Lait d'ânesse : ii; 397, 409, 497, 501, 515. — v; 371, 373, 415. — vii; 75, 177, 183, 317. — viii; 129.

44. Kirchner (W.). — Beiträge zur Kenntniss der Kuhmilch und ihrer Bestandtheile. *Dresden*, 1877, Schönfeld, vii-92 p. 8°. **1877**

45. Schmidt. — (Contribution à la connaissance des propriétés du lait de femme et du lait de vache.) *Moscou*, 1882, 8°. (*Thèse.*) — *Centralbl. f. Gynaek.*, vi, Leipzig, 1882; 776. **1882**

46. Stutzer, Schmœger, Eisbein & Werner (H.). — Die Kuhmilch, ihre Erzeu- **1894**

1894 gung und Verwertung. Ein praktisches Handbuch für Milchviehbesitzer, Meiereien und Schulen. *Neudamm*, 1894, J. Neumann, VIII-184 p. 12°. (Abbild. & 1 Tab.)

1897 47. MARTINY (B.). — Tägliche Unterschiede in der Zusammensetzung der Kuhmilch. *Molkerei-Ztg.*, VII, Berlin, 1897; 136.

48. MICHEL (C.). — Sur le lait de femme et l'utilisation de ses matériaux nutritifs dans l'organisme du nouveau-né sain. *Obstétrique*, II, Paris, 1897; 518-533. — *Centralbl. f. Gynaek.*, XXII, Leipzig, 1898; 1169.

1899 49. SCHAFFER. — Ueber Ziegenmilch und den Nachweis derselben in der Kuhmilch. *Molkerei-Ztg.*, IX, Berlin, 1899; 476.

50. SCHŒNDORFF (B.). — Der Harnstoffgehalt einiger thierischen Flüssigkeiten (IV. Frauenmilch). *Arch. f. d. ges. Physiol.*, LXXIV, Bonn, 1899; 357-360.

51. THIEMICH (M.). — Ueber den Einfluss der Ernährung und Lebensweise auf die Zusammensetzung der Frauenmilch. *Monatsschr. f. Geburtsh. & Gynaek.*, IX, Berlin, 1899; 504.

52. VAN ENGELEN (A.) & WAUTERS (P.). — Contribution à l'étude du lait des vaches. *Bull. de l'agricult.*, XV, Bruxelles, 1899; 298-312.

53. WOLL (F.-W.). — The composition of sow's milk. *Sixteenth Ann. Rep. Agr. Exp. Stat. Univ. Wisconsin*, Madison, 1899; 267-270. — *Exp. Stat. Rec.*, XII, Washington, 1900-1901; 84.

54. X... — Ansteckender Milchmangel bei Schafen. *Veröff. d. k. Gsndhtsamtes*, XIII, Berlin, 1899; 229.

55. ZAMMITT (T.). — Le lait de chèvre. *Rev. internat... d. falsif. d. denrées aliment.*, XII, Amsterdam, 1899; 44.

1900 56. BACKHAUS & CRONHEIM (W.). — Ueber Zusammensetzung der Frauenmilch. *Ber. d. landwirt. Inst. d. Univ. Königsberg i/Pr.*, V, Berlin, 1900; 61-72. — *Maly's Jahresbericht*, XXIX, Wiesbaden, 1900; 237.

57. CALLARI (I.). — Sul latte di donna. *Gazz. d. osp.*, XXI, Milano, 1900; 208-250.

58. COHN (M.). — Ueber Frauenmilch. *Berlin. klin. Woch.*, XXXVII, 1900; 1060-1064.

59. KOBRAK (E.). — Beiträge zur Kenntniss des Caseïns der Frauenmilch. *Arch. f. Physiol.*, LXXX, 1900; 69.

60. LAJOUX (H.). — L'eau potable. Le lait de femme et le lait de vache. Matières alimentaires et médicamenteuses, etc. (3ᵉ éd., revue et augmentée.) *Reims*, 1900, F. Michaud, 172 p. 8°.

61. LANGE (C. DE). — Die Zusammensetzung der Asche des Neugeborenen und der Muttermilch. *Ztschr. f. Biol.*, n. F., XXII, München & Leipzig, 1900; 526-529.

62. LARBALÉTRIER (A.). — Le lait de chèvre. *Science illustrée*, XXV, Paris, 1900; 138.

63. MORO (E.). — Zur Charakteristik des diastatischen Enzyms in der Frauenmilch. *Jahrb. f. Kinderh.*, 3. F., II, Berlin, 1900; (Ergänzungsheft) 524-529.

64. POULENC (C.). — Nécessaire pour l'analyse du lait de femme de M. le Dr H. Gockel. *In : Les nouveautés chimiques pour 1900. Paris*, 1900; 257-263. (1 fig.)

65. RANKE (H. VON). — Ueber Eselmilch als Säuglingsernährungsmittel. *München. med. Woch.*, XLVII, 1900; 597-601. — *Jahrb. f. Kinderh.*, 3. F., II, Berlin, 1900; 887.

66. RIVA-ROCCI (S.). — Il latte d'asina. *Gazz. med. di Torino*, LI, 1900; 447-450.

67. Sieber (N.). — Ueber die Umikoff'sche Reaction in der Frauenmilch. *Ztschr.* **1900**
f. physiol. Chem., xxx, Strassburg, 1900; 101-112.

68. Valenza (P.). — Il latte animale. *Bambino*, ii, Vicenza, 1900; n. 7.

69. Venturi (T.) & Bracci (C.). — Del valore della reazione del dott. Nersess e
Umikoff sul latte di donna. *Morgagni*, xlii, Milano, 1900; (pt. i) 479.

III. — PHYSIOLOGIE

70. Percival (Th.). — Essays medical and experimental, on the following sub- **1767**
jects, viz : I. The empiric. II. The dogmatic. III. Experiments and observations on
astringents and bitters. IV. On the uses and operation of bitters. V. On the resem-
blance between chyle and milk. *London*, 1767, J. Johnson, vii-238 p. 6 l. 8º.

71. Schœpff (L.-A.). — De variis lactis bubuli salibus aliisque substantiis in ejus- **1784**
dem parte aquosa contentis. *Argentorati*, 1784, Typis J.-II. Heitzii, 56 p. 8º.

72. Randhan (J.-F.). — Doctrinæ physiologorum de lactis origine brevis recen- **1799**
sus. *Lipsiæ*, 1799, Officina Richteria, 16 p. 8º.

73. Lens (de). — Rapport sur un mémoire de Mandl. De la structure des globules **1841**
du lait. *Bull. Acad. de méd.*, vii, Paris, 1841-42 ; 1157.

74. Béchamp (A.). — Sur l'alcool et l'acide lactique normaux du lait, comme pro- **1873**
duits de la fonction des microzymas. *Compt. rend. Acad. d. sc.*, lxxvi, Paris, 1873;
836.

75. Rauber (A.). — Ueber den Ursprung der Milch und die Ernährung der Frucht **1879**
im Allgemeinen. *Leipzig*, 1879, Engelmann, 48 p. 8º. (2 Taf.)

76. Winkler. — Zur Priorität über die Beobachtung der Milchentstehung aus **1882**
weissen Blutkörperchen. *Centralbl. f. Gynäk.*, vi, Leipzig, 1882 ; 561.

77. Decaisne (E.). — Influence des boissons alcooliques sur l'allaitement. *Rev. san.* **1886**
de Bordeaux, iii, 1886: 145-147.

78. Gœtze (M.). — Ueber den Einfluss des Futters und der Laktation auf die **1890**
Beschaffenheit des Butterfettes. *Göttingen*, 1890, Vandenhoeck & Ruprecht, 48 p. 8º.

79. Béchamp (A.). — Sur la constitution histologique et la composition chimique **1892**
comparées des laits de vache, de chèvre, d'ânesse et de femme. *Paris*, 1892, 161 p. 8º.

80. Farrington (E.-H.). — Variations in milk. *Univ. Illinois Agr. Exp. Stat.*, **1893**
Bull. 24, Champaign, 1893 ; 137-171. (1 diag.)

81. Pagès (C.). — Physiologie der mineralischen Bestandtheile der Milch. *Milch-* **1896**
zeitung, xxv, Bremen, 1896; 86.— *Maly's Jahresbericht*, xxvi, Wiesbaden, 1897; 273.

82. Gautier (A.). — Leçons de chimie biologique normale et pathologique. **1897**
(60º leçon : Influences modificatrices du lait. Lait des divers animaux. Colostrum.)
Paris, (2º éd.) 1897, Masson & Cie., 826 p. 8º. (110 fig.)

83. Laguesse (E.). — Structure de la mamelle et sécrétion du lait. *Écho méd. du*
Nord, i, Lille, 1897 ; 147-424.

1897   84. LANDBECK (G.). — Ueber den Einfluss einer proteïnreichen Nahrung auf die Ausscheidung von Fett und Stickstoff in der Milch der Kühe. *Leipzig*, 1897, E. Hedrich, 54-XXIV p. 8º. (*Inaug.-Diss.*)

   85. WIDAL & SICARD. — Recherches sur l'absorption de la substance agglutinante typhique par le tube digestif et sur sa transmission par l'allaitement. *Compt. rend. Soc. de biol.*, 10ᵉ s., IV, Paris, 1897; 804-807.

1898   86. BARTLETT (J.-M.). — The effect of feeding fat on the fat content of the milk. *Maine Agr. Exp. Stat. Rep.*, 1898; 114-117.

   87. LINDSEY (J.-B.). — Experiments to ascertain the effect of different amounts of protein upon the cost and quality of milk. *Massachusetts Hatch Agr. Exp. Stat. Rep.*, 1898; 42. — *Exp. Stat. Rec.*, XI, Washington, 1899-1900; 577.

   88. RHODIN. — (Influence de l'alimentation des vaches sur la composition du lait.) *K. Landthr. Akad. Handl.*, XXXVII, Stockholm, 1898; 25.

   89. SHEPPERD (J.-H.). — Can the brain and nervous system of a cow affect her yield of butter fat? *Proc. Soc. Promot. Agr. Sc.*, 1898; 185-193. — *Exp. Stat. Rec.*, XI, Washington, 1899-1900; 779.

   90. SMITH (C.-D.). — Some of the factors determining the richness of milk. *Proc. Soc. Promot. Agr. Sc.*, 1898; 152-155. — *Exp. Stat. Rec.*, XI, Washington, 1899-1900; 779.

1899   91. ALBERT (F.). — Ueber den Einfluss einer Fettfütterung auf die Milchmenge und den Fettgehalt der Milch. *Centralbl. f. Agrikulturchem.*, XXVIII, Leipzig, 1899; 663-667. — *Maly's Jahresbericht*, XXIX, Wiesbaden, 1900; 253.

   92. ANDERSON (L.). — The relation of food to milk fat. *New York Cornell Univ. Agr. Exp. Stat.*, Bull. 173, 1899, 43 p. 8º. (6 diag.) — *Exp. Stat. Rec.*, XI, Washington, 1899-1900; 1081.

   93. BABCOCK (S.-M.), RUSSELL (H.-L.) & AL. — The action of proteolytic ferments on milk with special reference to galactase, the cheese-ripening enzym. *Sixteenth Ann. Rep. Agr. Exp. Stat. Univ. Wisconsin*, Madison, 1899; 157-174. (11 fig.) — *Exp. Stat. Rec.*, XII, Washington. 1900-1901; 87.

   94. BITTING (A.-W.). — The mammary gland. *Indiana Agr. Exp. Stat. Rep.*, 1899; 36-43. (5 pl.) — *Exp. Stat. Rec.*, XII, Washington, 1900-1901; 80.

   95. BRANTH (H.). — (Influence de l'alimentation sur la teneur du lait en matières grasses.) *Ugeskr. f. Landmænd*, Kjobenhavn, 1899; 242.

   96. CAMERER (W.). — Beiträge zur Physiologie des Säuglingsalters. *Ztschr. f. Biol.*, n. F., XXI, München & Leipzig, 1899-1900; 37-73.

   97. CASPARI (W.). — Die Bedeutung des Milcheiweisses für die Fleischbildung. *Fortschr. d. Med.*, XVII, Berlin, 1899; 464.

   98. CASPARI (W.). — Ein Beitrag zur Frage nach der Quelle der Milchfettes. *Arch. f. Anat. & Physiol.*, (Physiol. Abth.) Leipzig, 1899; (Suppl.-Bd.) 267-280. — *Maly's Jahresbericht*, XXIX, Wiesbaden; 1900; 248.

   99. FALCKE (FR.). — Die Milchsekretion des Rindviehes unter dem Einfluss fettreicher Fütterung. *Ber. a. d. physiol. Laborat. & d. Vers.-Anst. d. landwirth. Inst. d. Univ. Halle*, XIV, 1899; 1-36. — *Maly's Jahresbericht*, XXIX, Wiesbaden, 1900; 254.

   100. FRIIS (F.). — 11ᵗᵉ og 12ᵗᵉ Aars Fodringsforsög med Malkeköer. Sammenli-

gning mellem Blandsæd og Majs. (11ᵉ et 12ᵉ années d'expériences sur l'alimentation des **1899**
vaches laitières. Comparaison entre le mélange de graines et le maïs.) *45. Beretn. f. d.
k. Vet.- & Landbohöjsk. Laborat. f. landökon. Forsög*, Kjobenhavn, 1899; 75 & 94 p. 8º.
— *Milchzeitung*, XXIX, Leipzig, 1900; 275-277. — *Exp. Stat. Rec.*, XI, Washington,
1899-1900; 782.

101. HENRIQUES (V.) & HANSEN (C.). — Undersögelser over Fedtdannelsen i
Organismen ved intensiv Fedtfodring (Recherches sur la formation de la matière grasse
dans l'organisme animal sous l'influence d'une alimentation grasse intensive.) *44.
Beretn. f. d. k. Vet.-& Landbohöjsk. Laborat. f. landökon. Forsög*, Kjobenhavn, 1899,
A. Bang, 36 p. 8º. (3 tab.) — *Centralbl. f. Agrikulturchem.*, XXIX, Leipzig, 1900;
529-534.

102. HILLS (J.-L.). — The effect of fatigue upon the quantity and quality of milk.
Twelfth Ann. Rep. Vermont Agr. Exp. Stat., (1898-1899). Burlington, 1899; 309. —
Exp. Stat. Rec., XII, Washington, 1900-1901; 285.

103. HUGOUNENQ (L.). — La composition minérale de l'enfant nouveau-né et la loi
de Bunge. *Compt. rend. Soc. de biol.*, LI, Paris, 1899; 523-525. — *Compt. rend. Acad.
d. sc.*, CXXVIII, Paris, 1899; 1419. — *Maly's Jahresbericht*, XXIX, Wiesbaden, 1900; 668.

104. KJÆRSGAARD (K.-P.). — (L'influence des pâturages sur le contenu en matière
grasse du lait.) *Mælkeri-Tid.*, XII, Kjobenhavn, 1899; 319-321. — *Exp. Stat. Rec.*, XI,
Washington, 1899-1900; 781.

105. LEHMANN. — Steigerung des Butterfettes in der Milch durch kohlehydratreiche
Futtermittel. *Landwirth. Jahrb.*, (Ergänzungsband IV) Berlin, 1899; 241.

106. LEZÉ (R.). — La galactase. *Laiterie*, IX, Paris, 1899; 190.

107. MÆRCKER. — Versuche über die Wirkung der Fettfütterung auf den Milchertrag und Fettgehalt der Milch mit Altmärker und Simmenthaler Kühen. *Landwirth. Jahrb.*,
(Ergänzungsband IV) Berlin, 1899; 114.

108. MARTINY (B.). — Ungleicher Fettgehalt der Milch von gleich gefütterten
Kühen der gleichen Rasse. *Molkerei-Ztg.*, IX, Berlin, 1899; 273.

109. MAYER. — Einfluss des kalten Wetters auf den Gehalt des Milchfetts an flüchtigen Fettsäuren. *Molkerei-Ztg.*, IX, Berlin, 1899; 358.

110. MOORE (J.-S.). — Influence of the food on the quality of milk and butter.
Mississippi Agr. Exp. Stat., Bull. 60, 1899; 14-16. — *Exp. Stat. Rec.*, XI, Washington,
1899-1900; 1080.

111. MORGENROTH (J.). — Ueber den Antikörper des Labenzyms. *Centralbl. f. Bakteriol.*, I. Abth., XXVI, Jena, 1899; 349-359.

112. RITLAND. — Wie gelangt der Rübengeschmack in die Milch? *Molkerei-Ztg.*, IX,
Berlin, 1899; 54.

113. WIESE (E.). — Die Wirkung einseitiger Erhöhung des Nährstoffgehaltes des
Futters durch Stärke auf die Milchabsonderung. *Hildesheim*, 1899, Gebr. Gerstenberg,
80 p. 8º. (*Inaug.-Diss.*, Leipzig.)

114. WIRTHLE. — Geht Kupfer aus Futter, welches mit Kupfervitriolkalkbrühe
bespritzt wurde in die Milch des Tieres über, welches das Futter verzehrt hat? *Chem.-
Ztg.*, XXIII, Cöthen, 1899; 803.

115. BABCOCK (S.-M.) & RUSSEL (H.-L.). — Galaktase, das der Milch eigenthüm-   **1900**

1900 liche proteolytische Ferment, seine Eigenschaften und seine Wirkung auf die Proteide der Milch. *Centralbl. f. Bakteriol.*, 2. Abth., vi, Jena, 1900; 17-21, 45-50, 79-88.

116. BACKHAUS. — Individuelle Verschiedenheiten der Milchsekretion und Futterverwertung. *Ber, d. landwirth. Inst. d. Univ. Königsberg i/Pr.*, v, Berlin, 1900; 103-109. —*Mal'sJahresbericht*, xxix, Wiesbaden, 1900; 267.

117. BACKHAUS. — Einfluss des Futters und der Individualität der Milchkuh auf Geschmack und Bekömmlichkeit der Milch. *Ber. d. landwirt. Inst. d. Univ. Königsberg i/Pr.*, v, Berlin, 1900; 110-126.— *Maly's Jahresbericht*, xxix, Wiesbaden, 1900; 268.

118. BARBERA. — La secrezione e la composizione del latte nel digiuno prolungato e nella rialimentazione. *Gazz. d. osp.*, xxi, Milano, 1900; 879.

119. BENDIX (B.). — Beiträge zur Ernährungsphysiologie des Säuglings. *München. med. Woch.*, xlvii, 1900; 1035.

120. BUROW (R.). — Der Lecithingehalt der Milch und seine Abhängigkeit vom relativen Hirngewicht des Säuglings. *Ztschr. f. physiol. Chem.*, xxx, Strassburg, 1900; 495-507.

121. CEDERHOLM (G.). — (L'influence de l'hérédité sur la qualité du lait de vache.) *Landtmannen*, xi, Linköping, 1900; 157-161. — *Exp. Stat. Rec.*, xii, Washington, 1900-1901; 482.

122. COHN (M.). — Zur Morphologie der Milch. *Arch. f. path. Anat.*, xlvii, Berlin, 1900; 187, 406.

123. CORIAT (J.-H.). — The action of rennin upon milk-digestion. *Philadelphia M. J.*, vi, 1900; 40-43.

124. DEAN (H.-H.). — Changes in colostrum milk during 21 milkings. *Twenty-fifth Ann. Rep. Ontario Agr. Coll. & Exp. Farm*, (1899). Toronto, 1900; 66.

125. DEHÉRAIN. — Composition du lait des vaches de la race de Montbéliard. *Mém. Soc. nat. d'agricult. de France*, Paris, 1900; 572.

126. FONTANALS (F.). — La leche : algo acerca su composicion. *Union méd.*, iii, Lerida, 1900; 352-355.

127. FREUDENREICH (ED. VON). —Galactase. *Landwirth. Jahrb. d. Schweiz*, xiv, Bern, 49-55. — *Exp. Stat. Rec.*, xii, Washington, 1900-1901; 484.

128. FREUDENREICH (ED. DE). — Note sur la galactase. *Ind. lait.*, xxv, Paris, 1900; 185, 193.

129. FREUDENREICH (ED. VON). — Ueber das in der Milch vorhandene unorganisirte Ferment, die sogenannte Galaktase. *Centralbl. f. Bakteriol.*, 2. Abth., vi, Jena, 1900; 332-338. — *Milchzeitung*, xxix, Leipzig, 1900; 245.

130. FRIIS (F.). — Undersögelser over Smörfedtets Lysbrydningsevne, Jodtal og Inhold af flygtige Syrer. (Untersuchungen über das Lichtbrechungsvermögen des Butterfetts, die Jodzahl desselben und den Gehalt an füchtigen Säuren im Butterfett.) *46. Beretn. f. d. k. Vet.-& Landbohöjsk. Laborat. f. landökon. Forsög*, Kjobenhavn, 1900, A. Bang, 56 p. 8°. — *Milchzeitung*, xxix, Leipzig, 1900; 385-388.

131. GRANDEAU (L.). — Influence du travail sur la production du lait. *Laiterie*, vii, Paris, 1900; 37.

132. HENSEVAL & WAUTHY (G.). — Les produits volatils odorants et sapides du lait. *Compt. rend. Soc. de biol.*, lii, Paris, 1900; 809. — *Ind. lait.*, xxv, Paris, 1900; 399. — *Laiterie*, x, Paris, 1900; 185.

133. Lezé (R.). — Les globules du lait. *J. d'agricult. prat.*, II, Paris, 1900; 152.   **1900**

134. Lezé (R.). — L'action des ferments protéolytiques sur le lait avec détails spéciaux sur la galactase. *Laiterie*, x, Paris, 1900; 73, 81, 89.

135. Lourié. — Contribution à l'étude des éléments figurés du colostrum du lait. *Paris*, 1900-1901, L. Boyer, 56 p. 8°. (7 fig.) (*Thèse.*)

136. Moore (B.) & Parker (W.-H.). — A study of the effects of complete removal of the mammary glands in relationship to lactose formation. *Am. J. Physiol.*, IV, Boston 1900; 239-242.

137. Nicloux (M.). — Passage de l'alcool ingéré de la mère au fœtus et passage de l'alcool ingéré dans le lait, en particulier chez la femme. *Obstétrique*, V, Paris, 1900; 97-132.

138. Roger (H.) & Garnier (M.). — Passage du bacille de Koch dans le lait d'une femme tuberculeuse. *Compt. rend. Soc. de biol.*, LII, Paris, 1900; 175-177.

139. Rosemann (R.). — Ueber den Einfluss des Alkohols auf die Milchabsonderung *Arch. f. d. ges. Physiol.*, LXXVIII, Bonn, 1900; 466. — *Ztschr. f. diätet. & physik. Therap.*, IV, Leipzig, 1900-1901; 422.

140. Sigalas & Dupouy. — Sur l'élimination du mercure par la glande mammaire. *Rev. mens. de gynéc., obst. & pédiat. de Bordeaux*, II, 1900; 522-527. — *Répert. de pharm.*, 3° s., XII, Paris, 1900; 462.

141. Sternberg (L.). — Ueber den Einfluss des Labfermentes auf die Verdauung des Milcheiweisses. *Arch. f. Anat. & Physiol.*, (physiol. Abth.) Leipzig, 1900; 362.

142. Wassermann. — Neue Beiträge zur Kenntniss der Eiweissstoffe verschiedener Milcharten. *München. med. Woch.*, XLVII, 1900; 986. — *Berlin. klin. Woch.*, XXXVII, 1900; 738.

143. Woll (F.-W.). — On the influence of the lactation period on the productive capacity of cows. *Hoard's Dairyman*, XXXI, Fort Atkinson, 1900; 626.

144. Wuthe (F.-F.-W.). — Ueber den Einfluss der Rübenmelasse und einiger ihrer Präparate auf die Milchsekretion. *Breslau*, 1900, R. Galle's Buchdruck., 90 p. 8°. (*Inaug.-Diss.*)

145. Zuntz (N.). — Ueber den Einfluss des Labferments auf die Gerinnung des Milcheiweisses. *Arch. f. Anat. & Physiol.*, (physiol. Abth.) Leipzig, 1900; 362.

146. Zuntz (N.). — Einfluss des Labfermentes auf die Verdauung der Milch. *Deut. med. Woch.*, XXVI, Berlin & Leipzig, 1900; (Ver.-Beil.) 26.

IV. — PATHOLOGIE

147. Visscher (A. de). — Diss. sistens nosologiam lactis generalem. *Lugd. Bat.*,   **1769** 1769, 4°.

148. Steinhof. — Ueber das Blauwerden der Milch. *N. Ann. d. Mecklenburg. land-*   **1838** *wirth. Gesellsch.*, XXII, Rostock, 1838.

1886 149. Kœhnke (O.). — Die Fehler der Milch und der Butter und die Darstellung der « hochfeinen » Tafel-andrerseits Dauerbutter. (4. Aufl.) *Osterwieck*, 1886, Zickfeldt, 66 p. 8º.

150. M.-D. — Fadenziehende Milch. *Landwirth. Wochenbl.*, VIII, St. Gallen, 1886; N. 29.

151. Mœbius (R.). — Die Milchfehler. *Plauen*, 1886, Neupert, 26 p. 8º.

1889 152. Storch (V.). — Om tuberkulös Mælk. *b*) Undersögelser over Mælkens Omdannelse ved Yvertuberkulose. (Sur le lait tuberculeux. *b*) Recherches sur les altérations du lait dans la tuberculose du pis.) *16. Berein. f. d. k. Vet.- & Landbohöjsk. Laborat. f. landökon. Forsög*, Kjobenhavn, 1889, 8º.

1898 153. Thomassen (H.-J.-P.). — Sur la virulence du lait tuberculeux dilué. *In* : Compt. rend. & mém. du Congrès de la tuberculose chez l'homme et chez les animaux, (1898). *Paris*, 1898 ; 306-308.

1900 154. B... (Ch.). — Altérations et maladies du lait. *Laiterie*, x, Paris, 1900 ; 161.

155. Eastes (L.). — La pathologie du lait. (Trad.) *Ann. de méd. & chir. inf.*, IV, Paris, 1900 ; 126-129.

156. Levat (L.-A.). — Le lait et les artichauts. *Ind. lait.*, xxv, Paris, 1900 ; 147. — *Cosmos*, n. s., xlii, Paris, 1900 ; 641.

157. Ross (M.-N.). — Bitter milk. *Twenty-fifth Ann. Rep. Ontario Agr. Coll. & Exp. Farm*, (1899). Toronto, 1900 ; 99.

158. Uhl & Henzold (O.). — Bittere Kindermilch. *Milchzeitung*, xix, Leipzig, 1900 ; 65.

V. — ANALYSE

1849 159. Bouchardat. — Considérations sur les maladies qui peuvent être déterminées par une lactation exagérée, précédées de notions sur les moyens les plus convenables pour déterminer rapidement la richesse du lait. *Bull. Soc. roy. d'agricult.*, v, Paris, 1849 ; 149.

1857 160. Vernois & Becquerel. — Analyse du lait des principaux types de vaches, chèvres, brebis, bufflesses. *Paris*, 1857, J.-B. Baillière, 35 p. 8º.

1866 161. Feser (J.). — Der Werth der bestehenden Milchproben, etc. *München*, 1866, Fleischmann, 58 p. 8º. (9 Fig.)

1879 162. Bouchardat (A.) & Quévenne (Th.). — Instruction sur l'essai et l'analyse du lait. (3e éd.) *Paris*, 1879, Germer-Baillière & Cie., 32 p. 8º.

1880 163. Gerber (N.). — Chemisch-physikalische Analyse der verschiedenen Milcharten und Kindermehle, unter besonderer Berücksichtigung der Hygiene und Marktpolizei. *Bremen*, 1880, M. Heinsius Nachf., 6 Bogen. (11 Abbild. & 4 Taf.)

1881 164. Richet (Ch.). — De la nutrition. De la coagulation, de la digestion et de la fermentation du lait. *Progrès méd.*, IX, Paris, 1881 ; 175, 229, 298, 316, 335.

165. Ambühl (G.). — Anleitung zur Milchprüfung. *St. Gallen*, 1883, Huber & Co., **1883**
43 p. 8º.

166. Panum. — Kemisk Sammensætning af nymalket Mælk og skummet Mælk,
Kjærnemælk og Valle fra danske Mejerigaarde. (Composition chimique du lait frais, du
lait écrémé et du petit-lait provenant de laiteries danoises.) *1. Beretn. f. d. k. Vet.- &
Landbohöjsk. Laborat. f. landökon. Försog*, (Tillæg). Kjobenhavn, 1883, 8º.

167. Panum. — Vanskelighed med at faa Mælk. Mælks Næringsværdi. (Variations
du lait. Sa valeur nutritive.) *1. Beretn. f. d. k. Vet.- & Landbohöjsk. Laborat. f. landökon.
Försog*, (Tillæg). Kjobenhavn, 1883, 8º.

168. Fleischmann (W.). — Der Stand der Prüfung der Kuhmilch für genossen- **1885**
schaftliche und polizeiliche Zwecke. *Darmstadt*, 1885, E. Wiener, 20 p. 12º.

169. Sartori (G.). — Analisi del latte. Guida pratica. *Milano*, 1886, 8º. (7 fig. & **1886**
2 tav.)

170. Fjord (N.-J.). — Betaling af söd Mælk i Fællesmejerier efter « Forskjel i pCt. **1887**
Flöde » (Differensberegning). *9. Beretn. f. d. k. Vet.- & Landbohöjsk. Laborat. f. landökon.
Försog*, Kjobenhavn, 1887, 8º.

171. Dietzsch (O.). — Die Prüfung der Milch in der Käserei, mit einem Anhang : **1888**
« Prüfung der Marktmilch ». *Zürich*, 1888, Orell Füssli, 53 p. 8º.

172. Martiny (B.). — Fjord's Verfahren der Milchprüfung und der Unterschiedsbe-
rechnung zur Bezahlung der Milch nach deren Rahmergiebigkeit. (Sep.-Abdr.) *Hildesheim*, 1888, 21 p. 8º.

173. Bouant (E.). — Nouveau dictionnaire de chimie. *Paris*, 1889, J.-B. Baillière **1889**
& fils, 1120 p. 8º. (Article : lait, p. 542-548.)

174. Kaull. — Untersuchungen über die Schwankungen in der Zusammensetzung
der Milch bei gebrochenem Melken. *Halle*, 1889, 8º. (*Inaug.-Diss.*)

175. Adametz (J..). — Welches einfachste und sicherste Verfahren empfiehlt sich **1890**
für den Landwirt zur Milchprüfung auf den Fettgehalt ? *Wien*, 1890, Frick, 6 p. 8º.

176. Duclaux (E.). — La chimie et l'industrie du lait (Conférences de l'Exposition
universelle de 1889). *Paris*, 1890, Impr. nationale, 16 p. 8º.

177. Timpe (H.). — Ueber die Beziehungen der Phosphate und des Caseïns zur **1893**
Milchsäuregährung. *München*, 1893, R. Oldenburg, 37 p. 8º. (*Inaug.-Diss.*, Leipzig.)

178. Peters (R.). — Untersuchungen über das Lab und die labähnlichen Fermente. **1894**
Rostock, 1894, 8º. (*Preisschr.*)

179. Arthus (M.). — Éléments de chimie physiologique. (Chapitre xv : le lait.) **1895**
Paris, 1895, Masson & Cie, 391 p. 12º.

180. Friis (F.). — Forsög med Apparater til hurtig Fedtbestemmelse i Mælk
(Babcock's, Gerber's og Lindström's). (Expériences avec des appareils à déterminer rapide-
ment le dosage de la matière grasse du lait.) *31. Beretn. f. d. k. Vet.- & Landbohöjsk.
Laborat. f. landökon. Försog*, Kjobenhavn, 1895, 8º.

181. Gerber (N.). — Dr. N. Gerber's Acid-Butyrometric oder Universal-Fettbestim-
mungs-Methode für Milch und Milchprodukte etc. in Verbindung mit Kreisel-Centri-
fugen. *Zürich*, 1895, N. Gerber, 30 p. 12º. (1 Tab.)

182. Harris (D.-F.). — Some points in the physiological chemistry and coagulation
of milk. *Proc. Roy. Soc. Edinburgh*, xxi, 1895-97; 72-89. — *Exp. Stat. Rec.*, x, Washington, 1898-99; 185.

1897   183. BEIER (C.). — Die Untersuchung unserer wichtigsten Nahrungs-und Genuss-mittel. *Leipzig*, (1897), Naumann, VIII-147 p. 12°. (Milch : p. 86-101.)

184. GAUTIER (A.). — Leçons de chimie biologique normale et pathologique. (61e leçon : Essai et analyse du lait. Conservation du lait. Dérivés du lait.) *Paris*, (2e éd.) 1897, Masson & Cie., 826 p. 8°. (110 fig.)

185. SCHULZE. — Untersuchungen der Milchproduktion von schlesischen Kuhher-den durch fortlaufende Bestimmungen des Fettgehalts. *Ztschr. d. Landwirtschaftskammer f. Schlesien*, 1897 ; 757.

186. VAUDIN (L.). — Nouveau mode d'appréciation du lait : action du lait sur le carmin d'indigo. *Paris*, (1897), Impr. E. Duruy, 7 p. 12°.

1898   187. DECKER (J.-W.). — Effect of varying strengths of rennet extract in curdling milk. *Fifteenth Ann. Rep. Agr. Exp. Stat. Univ. Wisconsin*, Madison, 1898 ; 31-34.

188. DENIGÈS (G.). — Précis de chimie analytique. (3e partie ; chapitre III : lacto-métrie ou analyses des laits.) *Lyon*, 1898, A. Storck & Cie., 791 p. 12°.

189. FRIIS (F.). — Sammenlignende Undersögelser af forskjellige Apparaters Anvendelighed til Kontrollering af Mælkens Fedme. *41. Beretn. f. d. k. Vet.- & Landbo-höjsk. landökon. Forsög*, Kjobenhavn, 1898, 8°.

190. LEFFMANN (H.). — Paraphenylendiamin als Reagens zur Unterscheidung gekochter von ungekochter Milch. *Schweiz. Woch. f. Chem. & Pharm.*, XXXVI, Zürich, 1898 ; 201. — *Jahresber. d. Pharm.*, XXXIII, Göttingen, 1900 ; 624.

191. MITCHELL (J.-W.). — Milk testing. *Ontario Agr. Coll. & Exp. Farm*, Bull. 107, May 1898 ; 3-14.

192. SCHLOSSMANN (A.). — Ueber einige bedeutungsvolle Unterschiede zwischen Kuh-und Frauenmilch in chemischer und physiologischer Beziehung mit besonderer Berücksichtigung der Säuglingsfrage. *Leipzig*, 1898, Teubner, 36 p. 8°. (*Habilit.-Schrift*.) — *Hyg. Rundschau*, IX, Berlin, 1899 ; 1265.

193. SCHWARZ (F.). — Ein Beitrag zur Wichtigkeit der Stallprobe bei der Milch-kontrolle. *Molkerei-Ztg.*, VIII, Berlin, 1898 ; 570.

1899   194. BARTHEL (C.). — (Les leucocytes du lait et l'épreuve du lait pasteurisé par la méthode de Storch.) *Nord. Mejeri-Tidn.*, XIV, Stockholm, 1899 ; 215. — *Exp. Stat. Rec.*, XI, Washington, 1899-1900 ; 785.

195. BEHREND. — Der Fettgehalt der Milch in Würtemberg. *Würtemberg. Wochenbl. f. Landwirth.*, 1899 ; 669.

196. BRIOT (A.). — Présence, dans le sang, d'une substance empêchant l'action de la présure sur le lait. *Compt. rend. Acad. d. sc.*, CXXVIII, Paris, 1899 ; 1359-1361. — *Maly's Jahresbericht*, XXIX, Wiesbaden, 1900 ; 228.

197. DIÉNERT. — Sur la fermentation du galactose. *Compt. rend. Acad. d. sc.*, CXXVIII, Paris, 1899 ; 569, 617.

198. GEORGIADÈS (N.). — Étude chimique du laben. *Beyrouth* (Syrie), 1899, 8°. (*Thèse de pharm.*) — *J. de pharm. & chim.*, 6e s., IX, Paris, 1899 ; 519. — *Maly's Jahres-bericht*, XXIX, Wiesbaden, 1900 ; 258.

199. HILLS (J.-L.). — Sampling milk and cream. *Vermont Agr. Exp. Stat.*, Special Bull., October 1899, 4 p. 8°.

200. HŒFT. — Zur Schmutzbestimmung in Milch. *Molkerei-Ztg.*, XIII, Hildesheim, 1899 ; 546.

201. IMMENDORFF (H.). — Untersuchung von Milch und Molkereiprodukten. *Land-* **1899** *wirt. Jahrb.*, XXVIII, Berlin, 1899 ; (Ergänzungs-Band IV) 334-342.

202. KIRCHNER. — Wie oft soll das Probemelken vorgenommen werden ? *Molkerei-Ztg.*, IX, Berlin, 1899; 213.

203. KIRCHNER. — Unterschiede im Milchertrag und Fettgehalt der Milch verschiedener Rassen. *Molkerei-Ztg.*, IX, Berlin, 1899 ; 227.

204. KIRCHNER. — Berechnung des Milch-und Fettertrages einzelner Kühe nach der Häufigkeit des Probemelkens und der gewählten Probemelktage. *Molkerei-Ztg.*, IX, Berlin, 1899; 214.

205. LAM (A.). — Analyses of milk in Holland. *Brit. Food J.*, I, 1899; 299-300.

206. LAM (A.). — Opmerkingen over het vriespunt van melk (Observations sur le point de congélation du lait). *Handel. v. h. 7. Nederl. Nat.-& Geneesk. Cong.*, 1899; 244.

207. MARTINY (B.). — Ungleicher Fettgehalt der Milch von gleich gefütterten Kühen der gleichen Rasse. *Molkerei-Ztg.*, IX, Berlin, 1899; 273.

208. MAYER. — Einfluss kalten Wetters auf den Gehalt des Milchfetts an flüchtigen Fettsäuren. *Molkerei-Ztg.*, IX, Berlin, 1899 ; 358.

209. MORINI (U.). — (Modification de la méthode de Duclaux pour la détermination de la matière sèche et de la matière grasse du lait et du beurre.) *Staz. sper. agr. ital.*, XXXII, Modena, 1899 ; 517-530. — *Ztschr. f. Unters. d. Nahrungs-& Genussmittel*, III, Berlin, 1900 ; 643.

210. MÜLLER (P.). — Ueber den organischen Phosphor der Frauenmilch-und Kuhmilchfäces. *Ztschr. f. Biol.*, n. F., XXI, München & Leipzig, 1899-1900 ; 451-481.

211. PIANI (A.). — (La détermination de la lactose dans le lait et dans les préparations lactées.) *Staz. sper. agr. ital.*, XXI, Modena, 1899 ; 419-466.

212. ROSAM. — Beobachtungen über den Fettgehalt der Milch und die denselben beeinflussenden Verhältnisse. *Oesterr. Molkerei-Ztg.*, VI, 1899; 27.

213. SCHROTT-FIECHTL (H.). — Ein Beitrag zur Bewegung des natürlichen Säuregehalts der Tiroler Alpenmilch. *Oesterr. Molkerei-Ztg.*, VI, 1899; 133.

214. SIEDEL (J.). — Ermittelungen über den Einfluss des Centrifugierens auf die Ergebnisse der Fettbestimmungen nach Gerber. *Jahresber. d. milchwirt. Centralstelle in Mecklenburg-Schwerin zu Güstrow*, 1899 ; 51-53.

215. SIEDEL (J.). — Ermittelungen des Fettgehalts der Buttermilch beim Verbuttern angesäuerter Vollmilch. *Jahresber. d. milchwirt. Centralstelle f. Mecklenburg -Schwerin zu Güstrow*, 1899 ; 33-37.

216. SIEGFELD. — Ueber eine mögliche Fehlerquelle des Gerber'schen Verfahrens der Fettbestimmung. *Molkerei-Ztg.*, XIII, Hildesheim, 1899; 433.

217. SSUROWZOW (W.). — (Comparaison entre les méthodes les plus usitées, appliquées à la détermination de la matière grasse du lait.) *St. Pétersbourg*, 1899, 8°. (*Thèse russe.*) — *Maly's Jahresbericht*, XXIX, Wiesbaden, 1900; 251.

218. TIEMANN. — Untersuchungen über die Möglichkeit gekochte und ungekochte Milch durch chemische Reagentien zu untersuchen. *Molkerei-Ztg.*, IX, Berlin, 1899; 540.

219. TIEMANN. — Vergleichung des Wollny'schen refraktometrischen Fettbestimmungsverfahren mit der Gewichtsanalyse nach Adams. *Molkerei-Ztg.*, IX, Berlin, 1899; 540.

1899   220. Timpe (H.). — Die analytischen Methoden der Milchuntersuchung und ein neues Verfahren zur gleichzeitigen Untersuchung auf Trockensubstanz, Fett und Asche. *Ztschr. f. öff. Chem.*, v, Wien, 1899; 413-416. — *Maly's Jahresbericht*, xxix, Wiesbaden, 1900; 210.

221. Vanino (L.). — Ueber den Nachweis des Formaldehyds mittels Phloroglucin. *Pharm. Centralh.*, xl, Dresden, 1899; 101.

222. Vevey (E. de). — Les essais du lait. Manuel pratique à l'usage des fruitiers, fromagers, membres des commissions de laiterie et de fromagerie. (3e éd.) *Fribourg*, 1899, Impr. & libr. de l'Œuvre de St-Paul, 56 p. 8o.

223. Vieth (P.). — Fettgehalt der in die Molkerei Hameln eingelieferte Milch. *Ber. ü. d. Thätigk. d. milchwirt. Inst. Hameln* (1899). Hameln, 1899; 20-27.

224. Vieth (P.). — Ueber die Berechnung der Trockensubstanz nach Fleischmann und Hehner. *Milchzeitung*, xxviii, Leipzig, 1899; 357. — *Maly's Jahresbericht*, xxix, Wiesbaden, 1900; 211.

225. Vivian (A.). — A comparison of reagents for milk proteids with some notes on the Kjeldahl method for nitrogen determination. *Sixteenth Ann. Rep. Agr. Exp. Stat. Univ. Wisconsin*, Madison, 1899; 179-186. — *Exp. Stat. Rec.*, xii, Washington, 1900-1901; 19.

226. Walck (G.). — Ueber Milchsäurebestimmung mittels Alkohol. *Pharm. Ztg.*, xliv, Berlin, 1899; 906. — *Maly's Jahresbericht*, xxix, Wiesbaden, 1900; 243.

1900   227. Adriance (J.). — The chemical composition of milk and cream (and disc.). *Arch. Pediat.*, xvii, New York, 1900; 370.

228. Ambühl (G.). — Zur Frage der Uebereinstimmung der gewichtsanalytisch ermittelten mit der berechneten Milchtrockensubstanz. *Chem.-Ztg.*, xxiv, Cöthen, 1900; 871.

229. Aufrecht. — Eine praktische Centrifuge für die Milchuntersuchung. *Pharmaceut. Ztg.*, xlv, Berlin, 1900; 473.

230. Aufsberg (Th.). — Jahresbericht der Central-Lehrsennerei Weiler für das Jahr 1898-99. Von den Untersuchungen (der Milch). *Mitth. d. milchwirth. Ver. im Allgäu*, xi, Memmingen, 1900; 99-114.

231. Aufsberg (Th.). — Zwei Gährproben. *Mitth. d. milchwirth. Ver. im Allgäu*, xi, Memmingen, 1900; 209-212.

232. Bartley (E.-H.). — Some points in the chemistry of cow's milk, with reference to infant feeding; with a description of a method for home modification of cow's milk. *Brooklyn M. J.*, xiv, 1900; 338-352.

233. Bernstein (A.). — Prüfung der erhitzten Milch. *Ztschr. f. Fleisch-& Milchhyg.*, x, Berlin, 1900; 80.

234. Bird (F.-C.-J.). — Effect of nitric acid on milk. *Pharmaceut. J.*, 4. s., xi, London, 1900; 105.

235. Bohrisch (P.) & Beythien (A.). — Ueber den Schmutzgehalt der Milch. *Ztschr. f. Unters. d. Nahrungs-& Genussmittel*, iii, Berlin, 1900; 319-324. — *Chem. Repert.*, xxiv, Cöthen, 1900; 177.

236. Bonnema (A.). — — Nouvelle méthode pour le dosage de la matière grasse dans le lait. *Rev. internat. d. falsif.*, xiii, Amsterdam, 1900; 27.

237. Boy-Esens (J.). — Schwankungen im Fettgehalt der Milch und Fettgehalts- **1900**
bestimmungen einzelner Kühe. *Milchzeitung*, xxix, Leipzig, 1900 ; 501.

238. Braun (R.). — Die Bestimmung des Milchzuckers mit dem Wollny'schen
Milchrefraktometer. *Milchzeitung*, xxix, Leipzig, 1900 ; 786.

239. Broquet & Dethier. — La détermination de la lactose. *Bull. Ass. belge d.
chim.*, xiv, 1900 ; 265.

240. Burstert. — Bericht der milchwirthschaftlichen Untersuchungsanstalt (Memmingen) über ihre Thätigkeit im Jahre 1899. Milchuntersuchungen. *Mitth. d. milchwirth.
Ver. im Allgäu*, xi, Memmingen, 1900 ; 169-175.

241. Chanoz & Doyon. — Phénomènes électriques pendant la coagulation du lait
et du sang. *Compt. rend. Soc. de biol.*, lii, Paris, 1900 ; 629.

242. Chanoz & Doyon. — Action des basses températures sur la coagulabilité du
sang et du lait et le pouvoir coagulant de la présure. *Lyon méd.*, xciv, 1900 ; 192-193.

243. Chanoz & Doyon. — La coagulation du lait sous l'influence de la présure
s'accompagne-t-elle d'un phénomène électrique ? *Lyon méd.*, xciv, 1900 ; 335-336. —
— *Compt. rend. Soc. de biol.*, lii, Paris, 1900 ; 496.

244. Chanoz & Doyon. — Coagulation du lait et phénomène thermique. *Lyon méd.*,
xciv, 1900 ; 66-68.

245. Chautard & Desplas. — Adoption (par le Conseil municipal de Paris) d'une
proposition de MM. Chautard et Desplas, tendant à réformer le mode de prélèvement
des laits par le Laboratoire municipal. *Bull. municipal officiel*, xix, Paris, 1900 ; 1019-
1021. — *Laiterie*, x, Paris, 1900 ; 63, 71, 79.

246. Deniges (G.). — Sur le dosage polarimétrique du lactose dans le lait. *Bull.
d. trav. de la Soc. de pharm. de Bordeaux*, xl, 1900 ; 148-150.

247. Dickson (D.). — Richesse du lait en matière grasse. *Compt. rend. Assoc. franç.
p. l'avanc. d. sc.*, (Boulogne-sur-Mer, 1899.) Paris, 1900 ; 790-795.

248. Dubois (A.-L.-J.). — Sur l'analyse et la conservation des échantillons de lait
prélevés pour les expertises légales. *Bull. d. trav. de la Soc. de pharm. de Bordeaux*, xl.,
1900 ; 289-299.

249. Dubois (A.-L.-J.). — Sur l'analyse et la conservation des échantillons de lait
prélevés pour les expertises légales. *Bordeaux*, 1900, 55 p. 8°. (*Thèse de pharm.*)

250. Dubois (R.). — Phénomènes électriques pendant la coagulation du lait (à propos des conclusions de MM. Chanoz & Doyon). *Compt. rend. Soc. de biol.*, lii, Paris,
1900 ; 673.

251. Dubois (R.). — A propos de deux communications sur les phénomènes électriques accompagnant la coagalution du sang et celle du lait. *Compt. rend. Soc. de biol.*,
lii, Paris, 1900 ; 534.

252. Duclaux. — La coagulation du lait par la présure. *Ind. lait.*, xxv, Paris, 1900 ;
233, 241, 249.

253. Epstein (S.). — Ein neuer Gärapparat zur Prüfung der Milch auf ihre Brauchbarkeit zur Käsefabrikation, auch für aërobe Kultur von Bakterien. *Centralbl. f. Bakteriol.*, 2. Abth., vi, Jena, 1900 ; 658.

254. Epstein (S.). — Untersuchung über Milchsäuregährung und ihre praktische
Verwerthung. *Arch. f. Hyg.*, xxxvii, München & Leipzig, 1900 ; 329-359.

1900

255. Farrington (E.-H.). — The estimation of fat in sweetened condensed milk by the Babcock test. *Am. Chem. J.*, xxiv, Baltimore, 1900; 267-270. — *Exp. Stat. Rec.*, xii, Washington, 1900-1901; 367.

256. Fascetti (G.). — Sull'apprezzamento del latte e della crema secondo il titolo del grasso. *Milano*, 1900, Tipo-litogr. agraria, 12 p. 8°.

257. Gerber (N.). — Die praktische Milch-Prüfung, einschliessend die Kontrolle des Molkereibetriebes. (7. Aufl.) *Bern*, 1900, K. J. Wyss, iv-128 p. 12°. (23 Abbild. & 4 Tab.)

258. Ghigi (F.). — Metodo per determinare la ricchezza in grasso della crema ed il suo rendimento in burro. *Lodi*, 1900, C. dell'Avo, 19 p. 8°.

259. Goupil (P.). — Tableau synoptique pour l'analyse du lait, du beurre et des fromages. *Paris*, 1900, J.-B. Baillière & fils, 64 p. 16°. (5 fig.)

260. Gripenberg (R.). — Untersuchungen über das specifische Gewicht und den Fettgehalt des Rahms und die Butterausbeute aus demselben. (Ref.) *Milchzeitung*, xxix, Leipzig, 1900; 164-166.

261. Guillot. — Méthode rapide d'analyse du lait. *Répert. de pharm.*, 3e s., xii, Paris, 1900; 200-202. — *Ann. de chim. analyt.*, v, Paris, 1900; 220-222. — *J. de pharm. d'Anvers*, lvi, 1900; 269-272.

262. Hœft (H.). — Bemerkungen zu der Abhandlung von Dr. H. Timpe : Gesetzmässigkeit in der Zusammensetzung der Kuhmilch. *Chem.-Ztg.*, xxiv, Cöthen, 1900; 16.

263. Klein & Kirsten (A.). — Versuche betreffend die Wiederherstellung der Verkäsungsfähigkeit erhitzter Milch durch Chlorcalciumzusatz. *Milchzeitung*, xxix, Leipzig, 1900; 177, 196, 210, 242, 258.

264. Legigan (P.). — L'analyse du lait. *Laiterie*, x, Paris, 1900; 129, 139.

265. Leonard (N.). — The relation between specific gravity, fat and solids-not-fat in milk. *Analyst*, xxv, London, 1900; 67-69.

266. Leonard (N.) & Smith (H.-M.). — Recherche de l'aldéhyde formique dans le lait. *Union pharmaceut.*, xli, Paris, 1900; 7.

267. Leys (A.). — Les chromates alcalins ajoutés au lait comme conservateurs; leur recherche. *Ann. de chim. analyt.*, v, Paris, 1900; 5-7. — *Schweiz. Woch. f. Chem. & Pharm.*, xxxviii, Zürich, 1900; 66.

268. Lezé (R.). — Appréciation de la qualité du lait. *Laiterie*, x, Paris, 1900; 33-35.

269. Lezé (R.). — Dosage de la matière grasse dans le lait. *Laiterie*, x, Paris, 1900; 31.

270. Lindet. — Nouveau procédé de dosage de la matière grasse dans les produits de la laiterie. *J. de pharm. & chim.*, 6e s., xi, Paris, 1900; 368-373. — *Ann. de chim. analyt.*, v, Paris, 1900; 260-262. — *Répert. de pharm.*, 3e s., xii, Paris, 1900; 248-251. — *Ind. lait.*, xxv, Paris, 1900; 177. — *Nouv. remèdes*, xvi, Paris, 1900; 423.

271. Lührig (H.). — Ueber die gewichtsanalytische Bestimmung der Trockensubstanz in der Milch und die durch die Wahl verschiedener Methoden bedingten Differenzen. *Milchzeitung*, xxix, Leipzig, 1900; 371.

272. Meunier (L.). — Du lab-ferment dans le suc gastrique. II. Étude du lait en présence du suc gastrique. (xiiie Congrès international de médecine, Paris, 1900.)

Paris, 1900, 15 p. 8°. — *J. de pharm. & chim.*, 6° s., XII, Paris, 1900; 457-465. — 1900
Presse méd., II, Paris, 1900; 365-367.

273. MOMSEN (C.). — Gesamtbericht über die Untersuchung der Milch von dreiund-
sechzig Kühen des in Ostpreussen rein gezüchteten holländischen Schlages. *Milchzeitung*,
XXIX, Leipzig, 1900; 36, 55, 102, 116.

274. MOMSEN (C.). — Die gebräuchlichsten Milchprobenehmer.|*Milchzeitung*, XXIX,
Leipzig, 1900; 209, 225.

275. NAUMANN. — Ueber die Untersuchung der Milch auf Fettgehalt mit dem von
der Firma Carl Zeiss, Jena, hergestellten Wollnyschen Milchfett-Refraktometer. *Milchzeitung*, XXIX, Leipzig, 1900; 50-53, 66-68, 84-86.

276. NICLOUX (M.). — Dosage comparatif de l'alcool dans le sang de la mère et du
fœtus et dans le lait après ingestion d'alcool. Remarques sur le dosage de l'alcool dans le
sang et dans le lait. *Compt. rend. Acad. d. sc.*, CXXX, Paris, 1900 ; 855-858.

277. NICLOUX (M.). — Remarques sur le dosage de l'alcool dans le sang et dans le
lait. *Compt. rend. Soc. de biol.*, LII, Paris, 1900; 297.

278. PARTHEIL (A.) & VELSEN (J. von). — Die Grundlagen der refraktometrischen
Butteruntersuchung. *Arch. d. Pharm.*, CCXXXVIII, Berlin, 1900; 261-279. (4 Taf.)

279. REINSCH (A.). — Jahresbericht des chemischen Untersuchungsamtes der Stadt
Altona für die Zeit von 1. April 1899 bis 31. März 1900. (Ref.) *Milchzeitung*, XXIX,
Leipzig, 1900 ; 679. 692.

280. REINSCH (A.) & LÜHRIG (H.). — Ueber die Veränderlichkeit der Milchtrockensubstanz und deren Werth für die Beurtheilung von Marktmilch. *Ztschr. f. Unters. d.
Nahrungs-& Genussmittel*, III, Berlin, 1900; 521-531. — *Milchzeitung*, XXIX, Leipzig,
1900; 564-567. — *Analyst*, XXV, London, 1900; 292. — *Schweiz. Woch. f. Chem. &
Pharm.*, XXXVIII, Zürich, 1900 ; 432.

281. RICHMOND (H.-D.). — The composition of milk and milk-products (and disc.)
Analyst, XXV, London, 1900; 225-233.

282. RICHMOND (H.-D.) & HARRISON (J.-B.-P.). — Notes on sour milk. I. Determination of the specific gravity of sour milk. II. The point at which milk may be considered sour, and the rate of souring in the presence or absence of preservatives (and disc.)
Analyst, XXV, London, 1900; 116-124. — *Chem. Repert.*, XXIV, Cöthen, 1900; 148. —
Exp. Stat. Rec., XII, Washington, 1900-1901; 179.

283. RUPP (G.). — Die Untersuchung von Nahrungsmitteln, Genussmitteln und
Gebrauchsgegenständen. *Heidelberg*, (2. Aufl.) 1900, C. Winter, XV-472 p. 8°. (122
Abbild. & Tab). (I. Milch : p. 6-28.)

284. SCHROTT-FIECHTL (H.). — Ueber das Konservieren von Milchproben zum
Zwecke der Untersuchung. *Milchzeitung*, XXIX, Leipzig, 1900; 180.

285. SCHROTT-FIECHTL (H.). — Milchüntersuchung bei Zucht auf Milchleistung.
Wien. landwirth. Ztg., L, 1900; 716.

286. SCHUHMACHER (TH.). — Ueber den Werth des Lactodensimeters bei der polizeilichen Milchcontrole. *Pharmaceut. Ztg.*, XLV, Berlin, 1900; 26.

287. SIEDEL (J.). —Untersuchungen über das Aufrahmen der Milch in den Verkaufs-
wagen. *Jahresber. d. milchwirt. Centralstelle f. Mecklenburg-Schwerin zu Güstrow*, 1900;
36. — *Milchzeitung*, XXIX, Leipzig, 1900; 437.

1900

288. SIEDEL (J.). — Versuche zur Gründung der Ursache des zeitweiligen starken Schäumens der Milch beim Entrahmen derselben mittelst Centrifugen. *Jahresber. d. milchwirt. Centralstelle für Mecklenburg-Schwerin zu Güstrow*, 1900; 36-42.

289. SIEGFELD (M.). — A modification of the Babcock milk test. *Dairy World*, XX, Chicago, 1900; 18.

290. SIEGFELD (M.). — Die Bestimmung des Säuregrades der Milch. *Molkerei-Ztg.*, XIV, Hildesheim, 1900 ; 205. — *Exp. Stat. Rec.*, Washington, 1900-1901 ; 212.

291. SÜSS (P.). — Salicylsäurenachweis in der Milch. *Pharm. Centralh.*, XLI, Dresden, 1900 ; 437.

292. SÜSS (P.). — Zum Nachweis von Natriummono-und bicarbonat in der Milch. *Pharm. Centralh.*, XLI, Dresden, 1900 ; 465.

293. THEUNIS (A.). — Un nouveau butyromètre belge. Quelques considérations sur le lait. Le contróle du lait dans les Sociétés laitières. Le nouveau butyromètre belge Mercier. *Ind. lait.*, XXV, Paris, 1900; 161, 169. — *Milchzeitung*, XXIX, Leipzig, 1900; 452.

294. THORPE (T.-E.). — Milk standards. *Analyst*, XXV, London, 1900; 140.

295. TIMPE (H.). — The ratio between proteids and fat in milk. (Transl.) *Analyst*, XXV, London, 1900; 154-159.

296. TOWL (C.-E.). — Milk dispensing. *Intercol. Med. J. Australasia*, V, Melbourne, 1900; 482-490.

297. UHL. & HENZOLD (O.). — Hydro, ein neuer Apparat zum Nachweis der Wässerung der Milch. *Milchzeitung*, XXIX, Leipzig, 1900; 790.

298. UTZ (F.). — Ueber den Werth des Marchand'schen Laktobutyrometers zur Bestimmung des Fettgehaltes der Milch. *Pharmaceut. Ztg.*, XLV, Berlin, 1900; 749.

299. UTZ (F.). — Nachweis von Salpetersäure im Wasser und in der Milch. *Pharmaceut. Ztg.*, XLV, Berlin, 1900; 229-230. — *Nederl. Tijdschr. v. Pharm., Chem. & Toxicol.*, XII, S'Gravenhage, 1900 ; 155.

300. VIETH (P.) & SIEGFELD (M.). — Ueber Labwirkung und Labprüfung. *Milchzeitung*, XXIX, Leipzig, 1900; 657, 673.

301. WHITE (F.-W.). — Observations on milk coagulation and digestion. *J. Boston Soc. Med. Sc.*, V, 1900; 125-136.

VI. - - BACTÉRIOLOGIE

1881

302. MÜLLER (G.-A.). — Ueber die Pilze der normalen Kuhmilch. *Arch. f. wissensch. & prakt. Thierheilk.*, VII, Berlin, 1881, Heft 3. — *Centralbl. f. Gynaek.*, VI, Leipzig, 1882 ; 77.

1882

303. KERN (E.). — *Dispora caucasica* nov. gen. et nov. spec., eine neue Bacterienform. *Biol. Centralbl.*, II, Erlangen, 1882-83; 135.

1886

304. CROOKSHANK (E.). — Manuel pratique de bactériologie basée sur les méthodes

de Koch, traduit par Bergeaud. *Paris*, 1886, G. Carré, xii-292 p. 8°. (32 pl. & 44 grav.) **1886**
(Bactéries du lait, p. 83, 120, 131, 163.)

305. CLAUSS (J.). — Bakteriologische Untersuchung der Milch im Winter 1888-89 **1889**
in Würzburg mit besonderer Berücksichtigung der Milchsäure bildenden Bakterien.
Würzburg, 1889, Becker, 38 p. 8°. (*Inaug.-Diss.*)

306. CONN (H.-W.). — Bacteria in milk. *Connecticut Agr. Exp. Stat. Rep.*, 1889 ;
52-67. — *Exp. Stat. Rec.*, ii, Washington, 1890-91 ; 396.

307. CONRAD. — Dr. Egli's Milchkochapparat. Bakteriologische Prüfung desselben.
Cor.-Bl. f. schweiz. Aerzte, xix, Basel, 1889 ; 14.

308. CONN (H.-W.). — The ripening of cream. *Third Ann. Rep. Storrs Agr. Exp.* **1890**
Stat., 1890 ; 136-157.

309. GYGAUX (P.). — Ueber die Einwirkung antibakterieller Medikamente auf die
Behinderung oder Aufhebung des Wachsthums und Fortpflanzungsvermögens eines in
der Milch und im Käse nachgewiesenen roten Spiesspilzes : *Saccharomyces ruber*. *Bern*,
1890, Huber & Co, 97 p. 8°.

310. MIGULA (W.). — Bakterienkunde für Landwirthe. *Berlin*, 1890, P. Parey,
144 p. 8°. (Abbild.)

311. ARENS (C.). — Ein einfacher Nachweis von Tuberkelbacillen durch Färbung **1892**
nebst einer Angabe zur Färbung von Bacterien in fettreichen Substraten (Milch). *Pharm.
Ztschr. f. Russland*, xxxi, St. Petersburg, 1892 ; 264.

312. JŒRGENSEN (A.). — Die Mikroorganismen der Gährungsindustrie. (3. Aufl.)
Berlin, 1892, P. Parey, 230 p. 8°. (56 Abbild.)

313. LENZ (W.). — Entdeckung von Tuberkelbacillen in Milch. *Ztschr. f. anal.
Chem.*, xxxi, Wiesbaden, 1892 ; 221.

314. BERNSTEIN (A.). — Die chemischen Wirkungen einer neuen Bakterienart in **1894**
der Milch. *Chem.-Ztg.*, xviii, Cöthen, 1894 ; 1352.

315. CONN (H.-W.). — The ripening of cream by artificial bacteria cultures. *Storrs
Agr. Exp. Stat.*, Bull. 12, 1894, 20 p. 8°.

316. CONN (H.-W.). — Souring of milk and other changes in milk products. *U. S.* **1895**
Depart. Agricult., Farmers' Bull. 29, Washington, 1895, 23 p. 8°.

317. CONN (H.-W.). — Dairy bacteriology. *U. S. Depart. Agricult., Off. Exp. Stat.*,
Bull. 25, Washington, 1895, 40 p. 8°.

318. GROTENFELT (G.). — The principles of modern dairy practice from a bacterio-
logical point of view. Authorized American edition by F. W. Woll. (2. ed.) *New York*,
1895, J. Wiley & Sons, vi-285 p. 8°. (illustr.)

319. MOORE (V.-A.). — Inefficiency of milk separators in removing bacteria. *Yearbook U. S. Dept. Agricult.*, 1895 ; 431-444. — *Exp. Stat. Rec.*, viii, Washington, 1896-97 ;
831.

320. CONN (H.-W.). — Further experiments in cream ripening : flavor, aroma, **1896**
acid. *Storrs Agr. Exp. Stat.*, Bull. 16, 1896, 16 p. 8°.

321. BABCOCK (S.-M.) & RUSSELL (H.). — Tolerance of certain milk bacteria toward **1897**
ether. *Wisconsin Agr. Exp. Stat. Rep.*, 1897 ; 211-215. — *Exp. Stat. Rec.*, x, Washington,
1898-99 ; 785.

322. DINWIDDIE (R.-R.). — Milk. Its decomposition and preservation. I. The spon-

1897 tancous changes which occur in milk. Sources of bacterial infection. Methods of preserving milk. II. Researches on the bacteria of spontaneous milk curdling. *Arkansas Agr. Exp. Stat.*, Bull. 45, 1897; 49-77. (3 pl.)

323. GEDOELST (L.). — La microbiologie du lait. De la nécessité d'un service d'inspection du lait. *Bull. de l'agricult.*, XIII, Bruxelles, 1897; 122-141.

324. NELSON (J.). — The germs in milk; studies of foremilk of cows. *New Jersey Agr. Exp. Stat. Rep.*, 1897; 195-213. — *Exp. Stat. Rec.*, X, Washington, 1898-99; 490.

1898 325. LEZÉ (R.). — Ferments non figurés du lait. *Laiterie*, VIII, Paris, 1898; 18.

326. SMITH (TH.). — action of typhoid bacilli on milk and on its probable relation to a second carbohydrate in that fluid. *J. Boston Soc. M. Sc.*, II, 1898; 236-244. — *Maly's Jahresbericht*, XXIX, Wiesbaden, 1900; 269.

327. WEIGMANN. — Weitere Studien über Milchsäurebakterien. *Jahresber. d. Versuchsstat..... f. Molkereiwesen in Kiel*, 1898-99; 7.

1899 328. BASSETT (V.-H.). — Examination of milk for tubercle bacilli. *Sixteenth Ann. Rep. Agr. Exp. Stat. Univ. Wisconsin*, Madison, 1899; 205.

329. CONN (H.-W.). — Classification of dairy bacteria. *Reprint* from « Rep. Storrs Agr. Exp. Stat., 1899, 68 p. 8°.

330. GARDENGHI (G.). — I microrganismi del latte in rapporto al contenuto batterico del tubo digerente nel poppante. *Arch. p. le sc. med.*, XXIII, Torino, 1899; 313-330.

331. HAPPICH (C.). — Die Bedeutung der Bakteriologie für die Milchwirthschaft. (Sep.-Abdr.) *Riga*, 1899, Müller'sche Buchdruck., 19 p. 8°.

332. HELLENS (O. von). — Studien über die Marktmilch von Helsingfors mit besonderer Hinsicht auf den Bakteriengehalt derselben. *Helsingfors*, 1899, v-80 p. 8°. (*Inaug.-Diss.*) — *Centralbl. f. Bakteriol.*, 2. Abth., VI, Jena, 1900; 261.

333. HELLENS (O. von). — (La flore bactérienne du lait finlandais.) *Nord. Mejeri-Tidn.*, XIV, Stockholm, 1899; n. 43-46. — *Exp. Stat. Rec.*, XII, Washington, 1900-1901; 183.

334. HENSEVAL (M.). — Les microbes du lait. *Rev. d. questions scient.*, XVI, Bruxelles, 1899; 561.

335. MAASSEN (A.). — Fruchtäther bildende Bakterien. *Arb. a. d. k. Gsndhtsamte*, XV, Berlin, 1899; 500-513.

336. MOORE (V.-A.). — The normal bacterial invasion of the cow's udder. *Proc. Soc. Prom. Agr. Sc.*, 1899; 110-113.

337. MOORE (V.-A.) & WARD (A.-R.). — An inquiry concerning the source of gas and taint producing bacteria in cheese curd. *Cornell Univ. Agr. Exp. Stat.*, Bull. 158, Ithaca, 1899; 221-237. (I pl.)

338. OBERMÜLLER (K.). — Das Vorkommen des Tuberkelbacillus in der Marktmilch und Marktbutter. *In* : Bericht über den Kongress zur Bekämpfung der Tuberkulose als Volkskrankheit. *Berlin*, 1899; 674-678.

339. ROBB (D.). — Bacteriology and the dairy industry. *Dairy*, XI, London, 1899; 279-301, 358-360.

340. ROSS (M.-N.). — Report of the bacteriogical department. *Ontario Agr. Coll. & Exp. Farm Rep.*, 1899; 96-100. (I fig.) — *Exp. Stat. Rec.*, XII, Washington, 1900-1901 ; 388.

341. Russell (H.-L.) & Bassett (V.-H.). — Effect of digesting bacteria on cheese **1899** solids of milk. *Sixteenth Ann. Rep. Agr. Exp. Stat. Univ. Wisconsin*, Madison, 1899 ; 187-193. — *Exp. Stat. Rec.*, xii, Washington, 1900-1901 ; 89.

342. Ward (A.-R.). — Ropiness in milk and cream. *Cornell Univ. Agr. Exp. Stat.*, Bull. 165, Ithaca, N. Y., 1899 ; 395-412. (1 pl.) - · *Centralbl. f. Bakteriol.*, 2. Abth., vi, Jena, 1900 ; 406-410.

343. Abenhausen (A.). — Einige Untersuchungen über das Vorkommen von **1900** Tuberkel-Bacillen in der Marburger Butter und Margarine. *Marburg*, 1900, J. Hamel, 22 p. 8º. (*Inaug.-Diss.*)

344. Adametz (L.). — Sind Milchsäurebakterien oder Tyrothrix-Arten die Erreger von Reifung und Aroma beim Emmenthalerkäse ? *Milchzeitung*, xxix, Leipzig, 1900 ; 753.

345. Annett (H.-E.). — Tubercle bacilli in milk, butter and margarine. *Lancet*, I, London, 1900 ; 159-162. — *Thompson Yates Laborat. Rep.*, ii, Liverpool, 1900 ; 29-35.

346. Barthel (Chr.). — Einige Versuche über die Bildung von Essigsäure in Milch durch Milchsäurebakterien. *Centralbl. f. Bakteriol.*, 2. Abth., vi, Jena, 1900 ; 417-420.

347. Bernstein (A.). — Kann erhitzte Milch schädlich wirken ? *Milchzeitung*, xxix, Leipzig, 1900 ; 290.

348. Carnevali (A.). — Sul bacillo della pseudo-tubercolosi del latte e del burro. *Ann. d'ig. speriment.*, n. s., x, Roma, 1900 ; 470-477.

349. Conn (H.-W.). — The ripening of cream. *Storrs Agr. Exp. Stat.*, Bull. 21, 1900, 24 p. 8º.

350. Conn (H.-W.). — Dairy bacteriology. *Arch. Pediat.*, xvii, New York, 1900 ; 194.

351. Duclaux. — Influence des microbes sur le lait. *Ind. lait.*, xxv, Paris, 1900 ; 65. — *Laiterie*, x, Paris, 1900 ; 70.

352. Dunbar & Dreyer (W.). — Untersuchungen über das Verhalten der Milchbacterien im Milchthermophor. *Deut. med. Woch.*, xxvi, Berlin & Leipzig, 1900 ; 413-416.

353. Eyre (J.-W.-H.). — On the presence of members of the diphtheria group of bacilli other than the Klebs-Lœffler bacillus in milk. *Brit. M. J.*, ii, London, 1900 ; 426.

354. Freudenreich (E. von) & Jensen (O.). — Die Bedeutung der Milchsäurefermente für die Bildung von Eiweisszersetzungsprodukten in Emmenthalerkäsen, nebst einigen Bemerkungen über die Reifungsvorgänge. *Centralbl. f. Bakteriol.*, 2. Abth., vi, Jena, 1900 ; 12-16, 38-45, 72-79, 112-119, 140-147.

355. Galtier (V.). — Le lait tuberculeux cesse-t-il d'être dangereux après un court chauffage à 70-75 degrés ? *Compt. rend. Soc. de biol.*, lii, Paris, 1900 ; 120-122. · *Obstétrique*, v, Paris, 1900 ; 370. – *J. de méd. vét. & zootechn.*, 5ᵉ s., iv, Lyon, 1900 ; 1-5. — *Centralbl. f. Bakteriol.*, 1. Abth., xxvii, Jena, 1900 ; 836. — *J. Comp. Path. & Therap.*, xiii, Edinburgh & London, 1900 ; 78-80.

356. Grimbert (L.) & Legros (G.). — Identité du bacille lactique aérogène et du pneumobacille de Friedlænder. *Compt. rend. Soc. de biol.*, lii, Paris, 1900 ; 491-493. — *Compt. rend. Acad. d. sc.*, cxxx, Paris, 1900 ; 1424. — *Ann. de l'Inst. Pasteur*, xiv, Paris, 1900 ; 477-486.

357. Günther (C.) & Thierfelder (H.). — Weitere Untersuchungen zur Frage der spontanen Milchgerinnung. *Hyg. Rundschau*, x, Berlin, 1900 ; 769-771.

1900

358. Happich (C.). — Ueber die Anwendung der Rahmsäure-Reinkulturen. (Sonder-Abdr.) *Dorpat*, 1900, H. Laakmann, 11 p. 8°.

359. Harrison (F.-C.). — Le lait trait à la machine et le lait trait à la main. Quelques considérations bactériologiques. (Trad.) *Laiterie*, x, Paris, 1900 ; 92, 102.

360. Hesse (W.). — Ueber das Verhalten pathogener Mikroorganismen in pasteurisirter Milch. *Ztschr. f. Hyg.*, xxxiv, Leipzig, 1900 ; 346. — *Rev. d'hyg.*, xxii, Paris, 1900 ; 859.

361. Hirt (C.). — Ueber peptonisirende Milchbacillen. *Strassburg i/E.*, 1900, Druck. Müh & Co., 30 p. 8°. (1 Taf.) (*Inaug.-Diss.*)

362. Jemma (R.). — Recherches sur l'action pathogène des microbes du lait désignés sous le nom de ferments de la caséine ou bactéries protéolytiques. *Rev. mens. d. mal. de l'enf.*, xviii, Paris, 1900 ; 20-30.

363. Kalischer (O.). — Zur Biologie der peptonisirenden Milchbacterien. *Arch. f. Hyg.*, xxxvii, München & Leipzig, 1900 ; 30-53. — *Centralbl. f. Bakteriol.*, 2. Abth., vi, Jena, 1900 ; 410. — *Chem. Repert.*, xxiv, Cöthen, 1900; 67.

364. Klein (E.). — Zur Kenntniss der Verbreitung des *Bacillus tuberculosis* und *pseudotuberculosis* in der Milch, sowie der Biologie des *Bacillus tuberculosis. Centralbl. f. Bakteriol.*, 1. Abth., xxviii, Jena, 1900; 111-114.

365. Koch (A.). — Jahresbericht über die Fortschritte in der Lehre von den Gährungsorganismen. (viii. Jahrgang, 1897.) *Braunschweig*, 1899, 8°.

366. L. M. — L'alimentation des nourrissons et les microbes intestinaux. *Cosmos*, n. s., xliii, Paris, 1900 ; 547-549.

367. Leichmann (G.) & Bazarewski (S. von). — Ueber einige im reifen Käse gefundene Milchsäurebakterien. *Centralbl. f. Bakteriol.*, 2. Abth., vi, Jena, 1900 ; 245-253, 281-285, 314-331.

368. Leighton (M.-O.). — The importance of bacterial tests in the sanitary supervision of milk supplies. *J. Boston Soc. Med. Sc.*, iv, 1900; 180. — *Centralbl. f. Bakteriol.*, 1. Abth., xxvii, Jena, 1900; 876. — *Exp. Stat. Rec.*, xi, Washington, 1899-1900 ; 1083.

369. Lezé (R.). — L'action des ferments protéolytiques sur le lait avec détails spéciaux sur la galactase. *Laiterie*, x, Paris, 1900; 73, 81, 89.

370. Lowe (S.). — Les sources de la saveur et de l'arome dans le beurre et le fromage. *Laiterie*, x, 1900; 5-7.

371. Mangiarotti (A.). — I microbi del latte. *Jereiatria*, iv, Pesaro, 1900; n. 2-3.

372. Moro (E.). — Ueber den *Bacillus acidophilus* n. spec. Ein Beitrag zur Kenntniss der normalen Darmbacterien des Säuglings. *Jahrb. f. Kinderh.*, 3. F., ii, Berlin, 1900; 38.

373. Moro (E.). — Ueber « Staphylokokkenenteritis der Brustkinder ». *Jahrb. f. Kinderh.*, 3. F., ii, Berlin, 1900; (Ergänzungsheft) 530-544.

374. Obermüller. — Ueber neuere Untersuchungen, das Vorkommen echter Tuberkuloseerreger in der Milch und den Molkereiprodukten betreffend. *Hyg. Rundschau*, x, Berlin, 1900; 845-864.

375. Pigeaud (J.-J.). — Ueber Bakterienbefunde (bes. Streptokokken) in den Dejektionen magendarmkranker Säuglinge. *Jahrb. f. Kinderh.*, 3. F., ii, Berlin, 1900; (Ergänzungsheft) 427-448.

376. Rabinowitsch (L.). — Ueber Tuberkelbacillen in Milch und Molkereiprodukten. *Ztschr. f. Unters. d. Nahrungs-& Genussmittel*, iii, Berlin, 1900 ; 801-809.

377. RITZ. — Ein Beitrag zu den Ursachen der vorzeitigen Milchgerinnung. *Zlschr.* **1900**
f. Fleisch- & Milchhyg., x, Berlin, 1900; 207-208.

378. ROLET (A.). — De l'acidité des laits. *Ind. lait.*, xxv, Paris, 1900; 145.

379. SANTORI (S.). — Sulla frequenza del bacillo della tubercolosi nel latte di Roma
e sul valore da dare alla sua colorazione caratteristica. *Ann. d'ig. speriment.*, n. s., x,
Roma, 1900; 301-308.

380. SCHATTENFROH (A.) & GRASSBERGER (R.). — Ueber Buttersäuregährung. *Arch.*
f. Hyg., xxxvii, München & Leipzig, 1900; 54-99. (1 Taf.)

381. SERKOWSKI (S.). — Melko i Bakterye (Le lait et ses bactéries). *Warszawa*,
1900, 129 p. 8°.

382. SOMMERFELD (P.). — Ueber die Verwendung des Milchthermophors. *Berlin.*
klin. Woch., xxxvii, 1900; 916.

383. VALAGUSSA (F.) & ORTONA (C.). — Sulla resistenza e sul potere patogeno di
alcuni microrganismi del latte. *Ann. d'ig. speriment.*, n. s., x, Roma, 1900; 308-339.

384. VIETH (P.) & SIEGFELD (M.). — Die Acidität der Milch. *Milchzeitung*, xxix,
Leipzig, 1900; 593-597.

385. WARD (A.-R.). — The invasion of the udder by bacteria. *New York Cornell Agr.*
Exp. Stat., Bull. 178, 1900; 260-280. (1 pl., 2 fig. & 1 diag.) — *Exp. Stat. Rec.*, xii,
Washington, 1900-1901; 184.

386. WEBER. — Die Bakterien der sogenannten sterilisirten Milch des Handels, ihre
biologischen Eigenschaften und ihre Beziehungen zu den Magen-Darmkrankheiten der
Säuglinge mit besonderer Berücksichtigung der giftigen peptonisirenden Bakterien
Flügge's. *Arb. a. d. k. Gsndhtsamte*, xvii, Berlin, 1900; 108-155. — *Rev. d'hyg.*, xxiii,
Paris, 1901; 65.

387. X... — Die Methoden des Nachweises von Tuberkelbazillen in der Milch tuberkulöser Tiere. *Milchzeitung*, xxix, Leipzig, 1900; 162.

388. X... — The death temperature for tubercle bacilli in milk. *J. Comp. Path. &*
Therap., xiii, Edinburgh & London, 1900; 64-68.

389. JŒRGENSEN (A.). — Les micro-organismes de la fermentation. (Traduction par
P. Freund.) *Paris*, (s. d.) Soc. d'édit. scient., ii-436 p. 8°. (79 fig.)

VII. — HYGIÈNE ET LÉGISLATION

390. LUSTIG (A.). — Die Frage der Zulässigkeit des Fleisches und der Milch perl- **1876**
süchtiger Rinder für den menschlichen Genuss. *Augsburg*, 1876, 8°.

391. BANG. — Om tuberkulös Mælk. *a)* Undersögelser angaaende Mælk og Mejeri- **1885**
produkter of tuberkulöse Köer. (Du lait tuberculeux. *a)* Recherches sur le lait et les
produits de laiterie provenant de vaches tuberculeuses.) *4. Beretn. f. k. Vet.-& Landbo-*
böjsk. Laborat. f. landökon. Forsög, Kjobenhavn, 1885, 8°.

392. FJORD (N.-J.). — Forelöbige Forsög over Fedmen af og Kontrol med den til

1885 Fællesmejerier leverede Mælk. *6. Beretn. f. d. k. Vet.-& Landbohöjsk. Laborat. f. landökon. Forsög*, Kjobenhavn, 1885, 8°.

393. STORCH (V.). — Om tuberkulös Mælk. *b*) Kemisk Undersögelse af Mælken fra Köer med Yverbetændelse. (Sur le lait tuberculeux. *b*) Analyses chimiques de lait provenant de vaches affectées du pis.) *4. Beretn. f. d. k. Vet.- & Landbohöjsk. Laborat. f. landökon. Forsög*, Kjobenhavn, 1885, 8°.

1888 394. FÜRST (L.). — Das Sterilisieren und Pasteurisieren der Kindernahrung. *Hamburg*, 1888, 24 p. 12°.

1889 395. BANG (B.). — Dangers des laits tuberculeux. *Cong. p. l'étude de la tuberculose*, (1888). I, Paris, 1889; 159-167.

396. HERZ (F.-J.). — Die gerichtliche Untersuchung der Kuhmilch, sowie deren Beurtheilung. *Berlin & Neuwied*, 1889, L. Heuser, 178 p. 8°.

397. KEREZ. — Einheitliche Milchbeschaffung für Zürich und Ausgemeinden. *Cor.-Bl. f. schweiz. Aerzte*, XIX, Basel, 1889; 19.

398. ROSENBURGER. — Sanitätskontrolle der Milchkuranstalten. *Cor.-Bl. f. schweiz. Aerzte*, XIX, Basel, 1889; 82.

1894 399. MARTINY (B.). — Die Milchversorgung Berlins. *Berlin*, 1894, Deut. Landwirthschafts-Gesellschaft, 18 p. 12°. (1 Taf.)

400. MOREAU (A). — Prophylaxie de la tuberculose d'origine alimentaire. *Paris*, 1894, G. Steinheil, 104 p. 8°. (*Thèse.*)

1897 401. ROCHARD (J.). — Traité d'hygiène publique et privée. (Chap. IV : Alimentation. IX : Lait.) *Paris*, 1897, O. Doin, 982 p. 8°. (117 fig.)

402. SOMMERFELD. — Milchcontrole. In : *Arbeiten aus dem Kaiser- und Kaiserin Friedrich- Kinderkrankenhause*, III, Stuttgart, 1897; 509.

1898 403. GILL (D.-H.). — The relation of veterinarians to the public health as meat-and milk inspectors. *J. Compl. M. & Vet. Arch.*, XIX, Philadelphia, 1898 ; 295-306.

404. LARUELLE (L.). — La laiterie maternelle à Bruxelles. *Mouvement hyg.*, Bruxelles, 1898; 71. — *Rev. d. sc. méd.*, LII, Paris, 1898 ; 110.

405. SCHROTT-FIECHTL (H.). — Das œsterreichische Lebensmittelgesetz im Lichte der heimischen Milchwirtschaft. *Wien*, 1898, 8°.

406. SIGMUND. — Ueber Basler Milchverhältnisse. *Cor.-Bl. f. schweiz. Aerzte*, XXVIII, Basel, 1898; 653.

407. VAN HERTSEN. — De la stérilisation des viandes (et du lait) tuberculeux à Bruxelles. *In* : Compt. rend. & mém. du Congrès pour l'étude de la tuberculose chez l'homme et chez les animaux, (1898). *Paris*, 1898; 341-345.

1899 408. BANG (B.). — Die Bekämpfung der Tuberkulose unter den Hausthieren. *Ber. d. VII. internat. thierärztl. Kong.*, Baden-Baden, I, 1899; 531.

409. BARADAT. — Des conditions hygiéniques des stations hivernales de la Méditerranée et en particulier de Cannes au point de vue de la prophylaxie de la tuberculose. *In* : Bericht über den Kongress zur Bekämpfung der Tuberkulose als Volkskrankheit. *Berlin*, 1899; 707.

410. BŒGGILD (B.). — Sodmælks-Pasteurisering. *Mælkeri-Tid.*, XII, Kjobenhavn, 1899; 953-957.

411. DANEMARK. — (La loi sur la pasteurisation du lait employée comme moyen de combattre la tuberculose en Danemark.) *Mælkeri-Tid.*, XII, Kjobenhavn, 1899; 623, 660.

412. FARRINGTON (E.-H.) & RUSSELL (H.-I..). — Pasteurization of milk and cream **1899**
at 140° F. *Sixteenth Ann. Rep. Agr. Exp. Stat. Univ. Wisconsin,* Madison, 1899; 129-139. (3 fig.) — *Exp. Stat. Rec.,* XII, Washington, 1900-1901 ; 84.

413. FORTUNA. — Mesures à prendre contre la fièvre aphteuse. *Ber. d. VII. internat. thierärztl. Kong.,* I, Baden-Baden, 1889 ; 295-332.

414. GOUIN (R.). — Pasteurisation et stérilisation des produits de la laiterie. *Le Mans,* 1899, 20 p. 8°.

415. GUIRAUD. — Manuel pratique d'hygiène à l'usage des médecins et des étudiants. (2ᵉ éd.) *Paris,* 1899, G. Steinheil, XII-765 p. 8°. (Lait : p. 433-439.)

416. HAFNER. — Die Bekämpfung der Maul-und Klauenseuche. *Ber. d. VII. internat. thierärztl. Kong.,* I, Baden-Baden, 1899; 333-369.

417. HESS (E.). — Die Bekämpfung der Maul- und Klauenseuche. *Ber. d. VII. internat. thierärztl. Kong.,* I, Baden-Baden, 1899; 372-417.

418. HILLS (J.-L.). — Inspections of milk tests and feeding stuffs. *Vermont Agr. Exp. Stat.,* Bull. 68, 1899; 33-38.

419. JONES (C.-H.) & WHITE (B.-O.). — The « milk-test inspection law ». *Twelfth Ann. Rep. Vermont Agr. Exp. Stat.,* (1898-1899). Burlington, 1899 ; 143.

420. KIRCHNER. — Zur polizeilichen Festsetzung eines Mindestfettgehalts der Marktmilch. *Molkerei-Ztg.,* IX, Berlin, 1899; 131.

421. LATASTE. — Rapport par M. le docteur Lataste sur le service du lait. *In* : Société du dispensaire gratuit pour enfants malades. Dix-septième année, 1899. *Paris,* (1899), 35 p. 8°. (3 graph.)

422. LEHMANN (K.-B.). — Ueber die Herstellung von Rahm und Butter, frei von gesundheitsschädlichen Organismen. *Arch. f. Hyg.,* XXXIV, München & Leipzig, 1899; 261-271. — *Maly's Jahresbericht,* XXIX, Wiesbaden, 1900; 271.

423. LINDQVIST (C.-A.). — Die Bekämpfung der Maul-und Klauenseuche. *Ber. d. VII. internat. thierärztl. Kong.,* I, Baden-Baden, 1899; 418-435.

424. NŒRNER (C.). — Die Tuberkulose und ihre Bekämpfung. *Leipzig,* 1899, Heinsius, 25 p. 8°,

425. OSTERTAG. — Die Verwendung des Fleisches und der Milch tuberkulöser Tiere. *Ber. d. VII. internat. thierärztl. Kong.,* I, Baden-Baden, 1899 ; 769-806.

426. PALMER (A.-F.). Meat inspection and milk inspection. *J. Comp. M. & Vet. Arch.,* XX, Philadelphia, 1899 ; 477-482.

427. PREUSSEN (REG.-BEZ. AACHEN). — Verfügung, betreffend Abgabe von Milch aus Häusern, in denen Unterleibstyphus herrscht, vom 1. Mai 1899. *Veröff. d. k. Gsndhtsamtes,* XXIII, Berlin, 1899 ; 775.

428. REGNÉR (G.). — Die Bekämpfung der Tuberkulose unter den Hausthieren. *Ber. d. VII. internat. thierärztl. Kong.,* I, Baden-Baden, 1899; 586-599.

429. RUDOVSKY (J.). — Die Bekämpfung der Tuberkulose unter den Hausthieren. *Ber. d.VII. internat. thierärztl. Kong.,* I, Baden-Baden, 1899 ; 600.

430. SCHROTT-FIECHTL. — Zur Eismilchfrage. *Oesterr. Molkerei-Ztg.,* VI, 1899; 50.

431. SJÉDAMGROTZKY. — Die Bekämpfung der Tuberkulose unter den Hausthieren. *Ber. d. VII. internat. thierärztl. Kong.,* I, Baden-Baden, 1899; 620-694.

432. STUBBE (L.). — Mesures pour combattre la tuberculose des animaux domestiques. *Ber. d. VII. internat. thierärztl. Kong.,* I, Baden-Baden, 1899 ; 695-717.

1899   433. TORRALBAS (J.-I.). — (La tuberculose et le lait.) *An. Acad. de cien. méd. de la Habana*, XXXVI, 1899; 117-121.

434. VIETH (P.). — Viehseuchen und Molkereien. *Fühling's landwirth. Ztg.*, XLVIII, Leipzig, 1899; 848-853. — *Hannov. land-& forstwirt. Ztg.*, 1899; 723.

435. WHITAKER (G.-M.). — Eighth Annual Report of the Dairy Bureau of the Massachusetts Board of Agriculture. January 15, 1899. (Standard milk. Preservatives in milk. Boston milk. Condensed milk.) *46. Ann. Rep. Massachusetts St. Bd. Agricult.*, (1898). Boston, 1899; 379-407.

436. WHITAKER (G.-M.). — Tuberculosis and the milk supply. *46. Ann. Rep. Massachusetts St.Bd. Agricult.*, (1898). Boston, 1899; 339-445. — *Milchzeitung*, XXIX, Leipzig, 1900; 100.

437. WYSS (O.). — Die Milch vom Standpunkt des Hygienikers. *Cor.-Bl. f. schweiz. Aerzte*, XXIX, Basel, 1899; 559.

438. X... — Verordnung des schweizer Canton Zürich vom 5. Dezember 1898, betreffend den Verkehr mit Milch und Milchproducten. *Veröff. d. k. Gsndhtsamtes*, XXIII, Berlin, 1899; 283.

439. X... — Runderlass des kgl. preussischen Ministeriums der geistlichen etc. Angelegenheiten vom 27. Mai 1899, betreffend die Regelung des Verkehrs mit Milch. *Veröff. d. k. Gsndhtsamtes*, XXIII, Berlin, 1899; 905. — *Vrtljschr. f. gerichtl. Med.*, XVIII, Berlin, 1899; 186.

440. X... — Kgl. belgische Verordnung vom 31. October 1898, betreffend den Milchhandel. *Veröff. d. k. Gsndhtsamtes*, XXIII, Berlin, 1899; 70.

441. X... — Polizeiverordnung für die Stadt Darmstadt vom 21. Mai 1898, betreffend den Milchverkauf. *Ztschr. f. Med.-Beamte*, XII, Berlin, 1899; 395.

442. X .. — Notizen über die im Grossherzogtum Baden ergriffenen Massregeln zur Verhütung der aus dem Genusse von Kuhmilch entstehenden Gefahren (Notices sur les mesures en vigueur dans le Grand-Duché de Bade pour protéger le public contre les dangers du lait de vache). *Ber. d. VII. internat. thierärztl. Kong.*, I, Baden-Baden, 1899; 807, 809.

443. X... — Gründsätze für die Regelung des Verkehrs mit Kuhmilch. *Milchzeitung*, XXVIII, Leipzig, 1899; 513.

444. YOUNG (A.-G.). — Formaldehyde as a milk preservative. *Sanitarian*, XLIII, 1899; 524. — *Med. Age*, XVIII, 1900; 723-739.

1900   445. ANNETT (H.-E.). — Boric acid and formalin as milk preservatives. *Thompson Yates Laborat. Rep.*, II, Liverpool, 1900; 57-67.

446. BACH (O.). — Ueber Milchuntersuchungen und Milchkontrolle. *Ztschr. f. Unters. d. Nahrungs-& Genussmittel*, III, Berlin, 1900; 819-824.

447. BACKHAUS & APPEL (O.). — Ueber aseptische Milchgewinnung. *Ber. d. landwirt. Inst. d. Univ. Königsberg i/Pr.*, V, Berlin, 1900; 73-102. — *Maly's Jahresbericht*, XXIX, Wiesbaden, 1900; 277-279.

448. BANG (B.). — Kampen mod Tuberkulosen hos Kvaeget (La lutte contre la tuberculose bovine). *Kjobenhavn*, 1900, H. Christensen, 79 p. 8°. — *Milchzeitung*, XXIX, Leipzig, 1900; 580, 613, 630, 646.

449. BARON (C.). — Ein Beitrag zur Frage der Milchregulative. *Hyg. Rundschau*, X, Berlin, 1900; 1129-1144.

450. Beck (M.). — Experimentelle Beiträge zur Untersuchung über die Marktmilch. *Deut. Vrtljschr. f. öff. Gsndhtspflg.*, xxxii, Braunschweig, 1900; 430-445. — *Centralbl. f. Bakteriol.*, 1. Abth., xxviii, Jena, 1900; 452.

451. Betz (H.). — The work of the New York Board of Health (and disc.). *Arch. Pediat.*, xvii, New York, 1900; 195.

452. Betz (H.). — Milk inspection by the New York Board of Health. *Med. News*, lxxvi, New York, 1900; 365-369.

453. Boysen. — Ueber die Gefahr der Verbreitung der Tuberkulose durch die Kuhmilch und über Massregeln zur Abwehr dieser Gefahr. 4 Vorträge gehalten (von Plehn, Kühnau, Waldeyer & Weigmann) auf der General-Versammlung des deutschen milchwirthschaftlichen Vereins am 13. Februar 1900. *Leipzig*, 1900, M. Heinsius Nachf., 71 p. 8°. — *Hyg. Rundschau*, x, Berlin, 1900; 771-775.

454. Chapin (H.-D.). — How the milk supply of New York may be improved. *Med. Rec.*, lvii, New York, 1900; 230-231. — *Arch. Pediat.*, xvii, New York, 1900; 192.

455. De'Rossi (G.). — Sulla freschezza del latte. *Riv. d'ig. & san. pubb.*, Roma, 1900; 667, 799. — *Rev. d'hyg.*, xxiii, Paris, 1901; 66.

456. Georgii (A.). — Ueber die Entwickelung unserer gegenwärtigen Milchkenntnisse in ihren Beziehungen zur Milchhygiene. *Med. Cor.-Bl. d. württemb. ärztl. Landes-Ver.*, 1900; 205-208. — *Med. Reform*, viii, Berlin, 1900; 155-157.

457. Girard (A.-C.). — Vente et achat des aliments après analyse; contrôle des aliments. *Paris*, 1900, Imp. nationale, 11 p. 8°.

458. Glidden (Ch.-H.), Tefft (C.-B.) & Le Wald (L.-T.). — Pure milk for cities and villages. *J. Am. Med. Ass.*, xxxv, Chicago, 1900; 705.

459. Gorsse (de). — La tuberculose dans l'espèce bovine d'après la loi française. *Toulouse*, 1900, Rivière, 159 p. 8°. (*Thèse.*)

460. Grillot (M.). — Le lait stérilisé et la pharmacie. *Hyg. lactée*, iii, Paris, 1900; 193.

461. Grillot (M.). — Le lait d'été. *Hyg. lactée*, iii, Paris, 1900; 233.

462. Helm (W.). — Gewinnung und Absatz frischer, tuberkelbacillen-freier Trinkmilch (Eismilch). *Braunschweig*, 1900, F. Vieweg & Sohn, 25 p. 8°. (2 Fig.) — *Milchzeitung*, xxix, Leipzig, 1900; 545. — *Deut. Vrtljschr. f. öff. Gsndhtspflg.*, xxxii, Braunschweig, 1900; 446-458. (2 Fig.)

463. Helm (W.). — Neuerungen auf milchtechnischem Gebiete. I. Eishaus oder Kühlanlage? II. Hygienischer und kaufmännischer Milchhandel. III. Milchstauwerke. IV. Das Patentrecht im Allgemeinen und das Cassesche im besonderen. *Milchzeitung*, xxix, Leipzig, 1900; 706, 724, 738, 755.

464. Jemma (R.). — Contributo alla conescenza dell'azione tossica del latte di animali tubercolosi : nota preventiva. *Cron. d. clin. med.*, vii, Genova, 1900; n. 7, 9.

465. Johnson (J.-O.). — Milk supply. *In* : Proceedings & Addresses of the 4. General Conference of the Health Officers in Michigan, (1899). *Lansing*, 1900; 124-128.

466. Jundell (I.). — Ny apparat för bakteriernas oskadliggörande i mjölk och dess hygieniska betydelse enlikt undersökning vid applikation till G. Salenii radiator (Nouvel appareil pour détruire les microbes du lait et son importance hygiénique d'après des

1900 expériences pratiques faites avec le « radiateur » de Salenius). *Nord. Med. Ark.*, n. F., xi, Stockholm, 1900 ; (n. 14) 1-16.

467. KELLE (R.). — Ueber die Beschaffenheit der Kuhmilch in Graz. Mit einem Zusatz von Prof. W. Prausnitz. *Graz*, 1900, Leuchner & Lubenski, 16 p. 8°.

468. KENWOOD (H.). — A discussion on the action which can be taken by local authorities for the prevention of tuberculous disease, apart from the control of milk and meat supplies. *Brit. M. J.*, ii, London, 1900 ; 411-414.

469. KISTER & WEIGMANN. — Ueber die Methoden zur Milchabkochung und die nach dieser Richtung zu stellenden Anforderungen (Ref.) *München. med. Woch.*, xlvii, 1900 ; 1054, 1118.

470. KLIMMER (M.). — Ziele und Wege der Milchhygiene. *Arch. f. wissensch. & prakt. Thierheilk.*, xxvi, Berlin, 1900 ; 407.

471. KROEHNKE (O.). — Betrachtungen zur Frage der Reinigung von Milch. *Milchzeitung*, xxix, Leipzig, 1900 ; 356.

472. KÜHNAU. — Die gesetzlichen Massnahmen gegen die Eutertuberkulose. *Milchzeitung*, xxix, Leipzig, 1900 ; 321.

473. KÜHNAU. — Ueber Beschaffung einwandfreier Milch durch Sorge für gesunde Vichbestände unter besonderer Berücksichtigung der Rindertuberkulose. (Ref.) *München. med. Woch.*, xlvii, 1900 ; 845.

474. KÜHNAU. — Die Erkennung der Eutertuberkulose der Kühe. *Milchzeitung*, xxix, Leipzig, 1900 ; 193 (5 Abb.), 228 (1 Abb.).

475. LAM (A.). — Ueber die Bedeutung einer geordneten Milchkontrolle für die Städte. *Ztschr. f. Unters. d. Nahrungs- & Genussmittel*, iii, Berlin, 1900 ; 472-475.

476. LANDEL. — Dangers du lait provenant de vaches atteintes de fièvre aphteuse. *J. de méd. & chir. prat.*, 4ᵉ s., lxxi, Paris, 1900 ; 682.

477. LEZÉ (R.). — La centrifugation du lait. *Laiterie*, x, Paris, 1900 ; 65.

478. LEZÉ (R.). — L'eau de source et le lait. *Laiterie*, x, Paris, 1900 ; 10.

479. MACDOUGALD (G.-D.). — Milk averages. *Brit. M. J.*, i, London, 1900 ; 1248.

480. MACKENZIE (W.-L.). — The regulation of meat and milk supply. *J. Comp. Path. & Therap.*, xiii, Edinburgh & London, 1900 ; 132-138.

481. MARTEL (H.). — La tuberculose et l'hygiène alimentaire. *Presse méd.*, ii, Paris, 1900 ; 210-214. — *Rev. d'hyg.*, xxiii, Paris, 1901 ; 56.

482. MORGENROTH. — Versuche über Abtödtung von Tuberkelbacillen in Milch. *Hyg. Rundschau*, x, Berlin, 1900 ; 865-868.

483. NETHERTON (E.-J.). — Municipal milk-and meat-inspection. *J. Comp. M. & Vet. Arch.*, xxi, Philadelphia, 1900 ; 71-75.

484. NIETNER. — Wirthschaftliche und hygienische Reform des grossstädtischen Milchhandels. *Berlin. klin. Woch.*, xxxvii, 1900 ; 355.

485. OSTERTAG. — Zur Wendung des Jahrhunderts. Ein Rückblick auf die Fortschritte der Fleischbeschau und der Milchhygiene in den letzten Jahrzchnten. *Ztschr. f. Fleisch-& Milchhyg.*, x, Berlin, 1900 ; 61-63.

486. OSTERTAG. — Ueber den heutigen Stand der Tuberkulinimpfung mit besonderer Berücksichtigung der mit diesem Mittel in der Praxis gemachten Erfahrungen. *Milchzeitung*, xxix, Leipzig, 1900 ; 98, 113.

487. Pakes (W.). — The application of bacteriology to public health. (Abstr.) *Lancet*, I, London, 1900; 311. **1900**

488. Preussen (Reg.-Bez. Sigmaringen). — Polizei-Verordnung des Regierungs-Präsidenten, betr. den Verkehr mit Kuhmilch. *Veröff. d. k. Gsndhtsamtes*, xxiv, Berlin, 1900; 420.

489. Regula. — Die Milch in Graz im Lichte der staatlichen Untersuchungsanstalt für Lebensmittel in Graz. *Wien. landwirth. Ztg.*, L, 1900; 141.

490. Ricken. — Typhus und Molkereien. (Ref.) *Chem.-Ztg.*, xxiv, Cöthen, 1900; 832.

491. Rundlett (H.-A.). — Boiled milk. *Med. Times*, xxviii, London, 1900; 235.

492. Schlossmann (A.). — Ueber Milch und Milchregulative. *Deut. med. Woch.*, xxvi, Berlin & Leipzig, 1900; 478, 489.

493. Seiffert. — Aerztliche Gedanken über Milchproduktion und Milchverkehr. *Reichs-Med.-Anz.*, xxv, Leipzig, 1900; 249-251.

494. Sestini (L.). — Una quistione del giorno sull' igiene del latte e dei lattanticini : conziderazioni e contributo sperimentale. *Ann. di med. nov.*, vi, Roma, 1900; 657. — *Gior. d. r. Soc. ital. d'ig.*, xxii, Milano, 1900; 377.

495. Shaw (H.-L.-K.). — The milk supply of European cities. *Albany M. Ann.*, xxi, 1900; 164-167.

496. Sonnenberger. — Was kann vom Standpunkt der öffentlichen Gesundheitspflege aus gegen die hohe Säuglingssterblichkeit geschehen ? *Allg. med. Centr.-Ztg.*, lxix, Berlin, 1900; 839-841.

497. Sommerfeld. — Ueber die Milchversorgung und Milchkontrolle im Kaiser-und Kaiserin Friedrich-Kinderkrankenhause in Berlin. *Ztschr. f. Krankenpflg.*, xxii, Berlin, 1900; 61-65. (1 Fig.)

498. Sommerfeld. — The milk control in the Kaiser and Kaiserin Friedrich Hospital in Berlin. *J. Am. Med. Ass.*, xxxv, Chicago, 1900; 665.

499. Strzyzowski (C.). — Beitrag zur Kenntniss der Kuhmilch in Varna (Bulgarien). *Oesterr. Chem.-Ztg.*, iii, Wien, 1900; 157-158.

500. Teddie (J.). — Milk production and distribution from the standpoint of public health. *Veterinarian*, lxxiii, 1900; 26-36.

501. Thierry (H.). — Stérilisation du lait à bord. *Bull. de méd. san. maril.*, ii, Marseille, 1900; 3-8.

502. Vieth (P.). — Pasteurisiren der Milch und Käserei. *Landwirth. Woch. f. d. Prov. Sachsen*, 1900; 419-421, 427-428. — *Hannov. land- & forstwirt. Ztg.*, 1900; 430-433.

503. Winter (A.). — Ueber Milchsterilisation. *Jahrb. f. Kinderh.*, 3. F., i, Leipzig, 1900; 517-530.

504. Wroblewski (A.). — (Le lait vendu à Cracovie.) *Czasop. towarz aptek.*, xxx, 1900; 77.

505. X... — (Les travaux de la station de contrôle du lait de Trondhjem, Norwége, en 1899.) *Norsk Landmansblad*, xix, Christiania, 1900; 197.

506. X... — Neuer Erlass betreffend die Regelung des Milchverkehrs in Preussen. *Milchzeitung*, xxix, Leipzig, 1900; 423.

507. X... — The Nathan Straus Milk Charity. *New York M. J.*, lxxii, 1900; 25.

1900 508. X... — An important « skim-milk » case at Glasgow. *Lancet*, II, London, 1900 ; 1766.

509. X... — (Les travaux de la station de contrôle du lait de Christiania en 1899.) *Norsk Landmansblad*, XIX, Christiania, 1900 ; 68.

510. X... — The milk supply of large cities. *Med. News*, LXXVI, New York, 1900 ; 381.

511. X... — Beiträge für die Veränderungen zu einem schweizerischen Lebensmittelgesetze. I. Theil : Wein, Honig, Milch, Fette und Molkereiprodukte. Bearbeitet durch das schweiz. Bauernsekretariat. N. 7 der Mittheil. d. schweiz. Bauernsekretariats. *Bern*, 1900, Wyss, 47 p. 8º.

512. X... — An Act to prevent fraud in the sale of milk in cities and towns. *In* : Acts relating to Agriculture in the Province of Ontario (Canada). *Toronto*, 1900 ; 34.

513. ZINK. — Ueber die Nothwendigkeit und den Werth einer polizeilichen Controle des Verkehrs mit Milch, und Discussion. (Ref.) *München. med. Woch.*, XLVII, 1900 ; 912.

514. ZUÑIGA (N.). — Leche y lecherias desde el punto de vista hygiénico. *Juventud méd.*, II, Guatemala, 1900 ; 101-106.

VIII. — FRAUDES ET FALSIFICATIONS

1859 515. TROMMER (C.). — Prüfung der Kuhmilch in Bezug auf ihre Verdünnung und Verfälschung mit Wasser und anderen Substanzen. *Berlin*, 1859, Bosselmann, 37 p. 8º.

1882 516. GIRARD (CH.). — Documents sur les falsifications des matières alimentaires et sur les travaux du laboratoire municipal. *Paris*, 1882, Impr. municipale, 547 p. 8º. (Lait : p. 213-272.)

1891 517. MACÉ (E.). — Les substances alimentaires étudiées au microscope, surtout au point de vue de leurs altérations et de leurs falsifications. (Chapitre IV : Lait et dérivés.) *Paris*, 1891, J.-B. Baillière & fils, 512 p. 8º.

1895 518. CHEVALLIER (A.) & BAUDRIMONT (E.). — Dictionnaire des altérations et falsifications des substances alimentaires médicamenteuses et commerciales. (7ᵉ éd. par le Dʳ L. Héret) *Paris*, 1895 & 1897, Asselin & Houzeau, 2 vol. 8º. (Article : lait, p. 887-992.)

1899 519. HENRY (L.). — Preservatives in milk and butter. *Australas. M. Gaz.*, XVIII, Sydney, 1899 ; 242-246.

520. HOFF. — Zur Beurteilung der Milchfälschungen. *Molkerei-Ztg.*, XIII, Hildesheim, 1899 ; 225.

1900 521. GRÜNBAUM (A.-S.). — Food preservatives and colouring matters in food. *Brit. M. J.*, II, London, 1900 ; 424.

522. HAGEMANN (O.). — Die Nahrungsmittelfälschung, bezw. die Frage der Milchentrahmung vor Gericht. *Milchzeitung*, XXIX, Leipzig, 1900 ; 500, 519.

523. KLIMMER. — Ueber Milchverfälschungen und deren Nachweis. *Arch. f. wissensch. & prakt. Thierheilk.*, XXVI, Berlin, 1900; 205-229.   **1900**

524. LANDIN (J.). — Nachweis von Rohrzucker in Milchzucker. *Chem.-Ztg.*, XXIV, Cöthen, 1900; 211, 272.

525. LEACH (E.). — Foreign colouring-matter in milk. *J. Am. Chem. Soc.*, XXII, Easton, Pa., 1900; 207-210.

526. LEFFMANN (H.). — The alleged adulteration with brain-matter. *New York*, 1900, 8º. — *J. Am. Chem. Soc.*, XXII, Easton, Pa., 1900; 356-359.

527. LIEBREICH (O.). — The so-called danger from the use of boric acid in preserved foods. *Lancet*, I, London, 1900; 13.

528. MOECHEL (J.). — Formaldehyde as a milk preservative. *Kansas City M. Rec.*, XVII, 1900; 73. — *Chem. Repert.*, XXIV, Cöthen, 1900; 122.

529. SCHAFFER (F.). — Nachweis von gekochter Milch. *Schweiz. Woch. f. Chem. & Pharm.*, XXXVIII, Zürich, 1900; 169, 209.

530. T. C. M. — Formaldehyde poisoned milk. *Cincinnati Lancet-Clinic*, n. s., XLV, 1900; 193.

531. VILLIERS (A.) & COLLIN (E.). — Traité des altérations et falsifications des substances alimentaires. *Paris*, 1900, O. Doin, 1173 p. 4º. (Lait, crème & fromages : p. 561-629.)

532. X... — An historical record of the use of preservatives and colouring matters in food, according to the inquries of the Analytical Sanitary Commission of the Lancet from 1851 to the present day. *Lancet*, I, London, 1900; 48.

533. X... — The preservatives und colouring matters in food. *Lancet*, I, London, 1900; 279, 429, 586.

534. X... — Le lait. *Cosmos*, n. s., XLII, Paris, 1900; 500.

IX. — DIÉTÉTIQUE ET THÉRAPEUTIQUE

535. COSTÆUS (J.-F.). — De facili medicina per seri, & lactis usum, libri tres. **1604** *Papiæ*, 1604, P. Bartolum, 121 p. 8º.

536. DOLÆUS (J.). — J. D. tractatus novus... de furia podagræ lacte victa et miti- **1705** gata, propria experientia conscriptus. *Amstelodami*, 1705, 12º.

537. VOGEL (J.-TH.). — De connubio aquarum mineralium cum lacte longe salu- **1726** berrimo. *Halæ Magdeb.*, 1726, Typ. Chr. Hilligeri, 32 p. 8º.

538. WEBEL (CHR.-G.). — De lactis cauto usu medico. *Halæ Magdeb.*, 1730, Typ. **1730** J. Chr. Mendelii, 40 p. 8º. (*Diss.*)

539. GALLO (G.-M.). — Dissertazione del vero, e sicuro metodo dell'uso del latte e **1753** suo abuso nella medicina, arricchito con moltissime osservazioni, e riflessioni pratiche. *Firenze*, 1753, Stamperia di G. Albizzini, XXIII-119 & 245 p. 8º.

540. SUTTON (T.). — On the advantages of milk as a food in fever. *London M. Repo-* **1822** *sit.*, XVIII, 1822; 194-196.

1841 541. Schulze (A.). — Rathgeber für diejenigen, welche Milch- und Molkenkuren gebrauchen wollen. *Quedlinburg & Leipzig*, 1841, G. Basse, 59 p. 12°.

1861 542. Littré (E.). — Œuvres complètes d'Hippocrate. Traduction nouvelle avec le texte grec en regard. *Paris*, 1861, J.-B. Baillière & fils, 10 vol. 4°. (Lait considéré comme aliment ou comme remède : III ; 139. — IV ; 557. — V ; 129, 131, 135, 137, 139, 239, 369, 373, 415, 435, 455, 463. — VI ; 79, 235, 237, 241, 243, 539. — VII ; 55, 81, 121, 177, 191, 201, 229, 231, 251, 353, 395. — VIII ; 129, 103, 131, 167, 431, 449, 655. — IX ; 113.)

1865 543. With (O.-H.). — Ueber Milchwein und Milchweincuren. *Bremerhaven*, 1865, L. v. Vangerow, 33 p. 8°.

1869 544. Lersch. — Die Kur mit Milch und den daraus gemachten Getränken (Molken, Kumys). *Bonn*, 1869, A. Henry, 92 p. 8°.

1870 545. X... — Die Milchwein-Kur in Bad Ottenstein in Schwarzenberg im Königreich Sachsen. *Schneeberg & Schwarzenberg*, 1870, 16 p. 8°.

546. Yule (A.). — Twenty-six cases of typhoid fever treated successfully by new milk. *Practitioner*, II, London, 1870 ; 33.

1873 547. Palmberg (A.). — (La cure de lait de Karell.) *Finska läkare handl.*, XV, Helsingfors, 1873 ; 81.

1874 548. Washington (B.-H.). — Milk in febrile diseases. *Nashville J. M. & S.*, n. s., XIV, 1874 ; 45-48.

1875 549. Schneider (M.). — Krankheits-Material und-Behandlung im Kurort Reichenhall. *München*, 1875, Finsterlin, 20 p. 8°.

1881 550. Aphel (F.). — Osservazione di un caso di febbre tifoide curato colla dieta lattea. *Spallanzani*, X, Modena, 1881 ; 233-239. — *Salute : Italia med.*, 2. s., XV, Genova, 1881 ; 124-126.

1885 551. Dangers (G.). — Die Milch als Nahrungsmittel. *Hamburg*, 1885, Kriebel, 22 p. 8°.

1887 552. Sobotta (E.). — Ueber den Einfluss diätetischer Curen insbesondere der Milchcur bei der Behandlung der Albuminurie und des Morbus Brightii. *Berlin*, 1887, Buchdruck. G. Schade, 31 p. 8°. (*Inaug.-Diss.*)

1888 553. Sartori. — Pane di latte centrifugato. *Ann. d. r. Staz. sper. di caseif. di Lodi*, 1888.

1892 554. Biedert (Ph.). — Zur prophylactischen Milchdiät bei Scharlach. *Berlin. klin. Woch.*, XXIX, 1892 ; 72.

1894 555. Besana (C.). — Preparazione del latte spumante o gasoso col latte centrifugato. *Ann. d. r. Staz. sper. di caseif. di Lodi*, 1894.

556. Cameron (R.-W.-D.-M.). The food of the poor ; a plea for milk. *San. Jour.*, n. s., I, Glasgow, 1894-95 ; 428-440.

557. Mathieu (A.). — Le régime alimentaire dans le traitement des dyspepsies. (2ᵉ partie, chap. I : Le lait et ses dérivés ; chap. II : préparations dérivées du lait ; chap. IV : cure de petit-lait.) *Paris*, 1894, Rueff & Cie., VIII-445 p. 8°.

1897 558. Cornet (P.). — Du lait dans les affections du tube digestif. *Bull. de la polyclin. de l'hôp. internat. de Paris*, 1897 ; 265-278.

559. Jaworski (W.). — Ueber die Ernährung der Kranken durch Kraftmilch. *Therap. Monatsh.*, XI, Berlin, 1897 ; 239-241.

560. Manquat (A.). — Traité élémentaire de thérapeutique, de matière médicale et **1897** de pharmacologie. (3ᵉ éd.) *Paris*, 1897, J.-B. Baillière & fils, 959 p. 8º. (lait : p. 723-738.)

561. Atwater (O.). — Milk as food. *U. S. Depart. Agricult., Farmers' Bull. 74*, **1898** Washington, 1898, 39 p. 8º. (2 charts.)

562. Macauley (H.-R.). — On milk diet in typhoid fever. *Montreal M. J.*, xxvii, 1898; 428-439.

563. Woods (C.-D.) & Merrill (L.-H.). — Skimmed milk *vs.* water in bread making. *Maine Agr. Exp. Stat. Rep.*, 1898 ; 213-218. — *Exp. Stat. Rec.*, xi, Washington, 1899-1900; 960.

564. Bailey (Th.). — De l'emploi de l'acide lactique comme antiseptique intesti- **1899** nal dans les diarrhées des enfants et dans les dermatoses prurigineuses. *Paris*, 1899, Jouve & Boyer, 48 p. 8º. (*Thèse.*)

565. Bernhard (C.). — Ueber Immunisierung durch die Milch typhöser Ammen. *Strassburg*, 1899, Buchdruck. C. & J. Gœller, 31 p. 8º. (*Inaug.-Diss.*)

566. Engstrœm. — (L'utilisation des matières albuminoïdes du lait et du lait écrémé condensé comme substance alimentaire.) *Nord. Mejeri-Tidn.*, xiv, Stockholm, 1899; 654.

567. Ignard (P.). — Étude sur le traitement de l'atrophie infantile par le lait stéri- lisé. *Paris*, 1899, J.-B. Baillière & fils, 139 p. 8º. (*Thèse.*)

568. Minkowski (O.). — Ernährungstherapie bei harnsaurer Diathese. Milch und Käse. *In* : Handbuch der Ernährungstherapie u. Diätetik, von E. v. Leyden. *Leipzig*, 1899, G. Thieme, 8º. (2. Bd., 2. Abth., 520-522).

569. Smith (W.). — The use of milk in the manufacture of bread and confectionery. *J. Brit. Dairy Farmers' Assoc.*, xiv, 1899; 93-97. — *Exp. Stat. Rec.*, xi, Washington, 1899-1900 ; 478.

570. X... — L'œuvre du bon lait à Nancy. *Rev. philanthrop.*, v, Paris, 1899 ; 750.

571. Aronsohn (E.). — Ueber Milchklystiere bei schwerer Hæmoptoë. *Deut. med.* **1900** *Woch.*, xxvi, Berlin & Leipzig, 1900; (Therap. Beil.) 27.

572. Backhaus & Braun (R.). — Das Milcheiweiss als Nahrungsmittel. *Ber. d. landwirth. Inst. d. Univ. Königsberg i/Pr.*, v, Berlin, 1900; 34-60. — *Maly's Jahresbericht*, xxix, Wiesbaden, 1900; 260. — *Exp. Stat. Rec.*, xii, Washington, 1900-1901 ; 169.

573. Barbellion. — Sur la digestibilité des différentes sortes de lait. *J. de méd. de Paris*, 2ᵉ s., xi, 1900; 323.

574. Barr (J.). — An address on the treatment of typhoid fever. *Lancet*, ii, London, 1900 ; 919-923.

575. Berger (A.). — Ueber den Einfluss reiner Milchdiät bei Diabetes mellitus. *Wien. klin. Rundschau*, xiv, 1900; 613-616.

576. Besana (C.). — L'utilizzazione del latte magro. Relazione fatta al Congresso d. Agricoltori italiani tenutosi in Verona, 11-14 giugno 1900. *Roma*, 1900, Tip. Agostiniana, 22 p. 4º.

577. Biedert (Ph.). — Die Anstalt für Ernährung besonders von kranken Kindern und Erwachsenen und für Prüfung von Nährmitteln. Ein Werbeprogramm. *Deut. Praxis*, iii, München, 1900; 505-512.

578. Biedert (Ph.). — Die Werbung für die Versuchsanstalt für Ernährung. *Deut. Praxis*, iii, München, 1900 ; 597-604.

1900   579. Blumenthal (F.). — Ueber Diabetes mellitus und seine Behandlung. (Kritische Umschau.) *Ztschr. f. diätet. & physik. Therap.*, IV, Leipzig, 1900-1901 ; 585-591.

580. Camus (L.). — Action des injections intraveineuses de lait. *Compt. rend. Soc. de biol.*, LII, Paris, 1900 ; 787-789.

581. Colombo (Ch.). — Le lait comme agent modificateur de la pression du sang. *Rev. internat. de thérap. phys.*, I, Rome, 1900; 7-11.

582. Comby (J.). — Les médicaments chez les enfants. *Paris*, 1900, J. Rueff, 681 p. 8°. (Lactose, Lait : p. 366-384.)

583. Eichhorst (H.). — Ueber die Diät bei Abdominaltyphus. *Therap. Monatsh.*, XIV, Berlin, 1900; 515-521.

584. Gannat. — L'alimentation par le lait de chèvre. *J. de méd. de Paris*, XIV, 1900; 376.

585. Holik. — Milch als Immunisirungsmittel gegen die Maul-und Klauenseuche. *Wien. landwirth. Ztg.*, L, 1900; 216.

586. Holth (S.). — Om melkediæt ned den stationære skotomatose opticusatrofi etc. (Sur le régime lacté dans le traitement de l'atrophie scotomateuse du nerf optique, etc.) *Norsk Mag. f. Lægevidensk.*, LXI, Christiania, 1900; 935-941.

587. Hutchinson (R.). — Food and principles of dietetics. *London*, 1900, E. Arnold, 548 p. 8°.

588. Knœpfelmacher (W.). — Versuche über die Ausnützung des Kuhmilchcaseins. *Jahrb. f. Kinderh.*, 3. F., II, Berlin, 1900; (Ergänzungheft) 545-571.

589. Lamarle (P.). — Du régime alimentaire dans la fièvre typhoïde. *Paris*, 1900, G. Steinheil, 60 p. 8°. (*Thèse.*)

590. Lambling (E.). — Notes sur la nutrition de l'enfant et de l'adulte. *Nord méd.*, VII, Lille, 1900; 97-102.

591. Lesson (A.-A.). — Examen du sang (formule hématologique) dans quatre cas de néphrite aiguë (avant et après la guérison). Influence du régime lacté absolu continué pendant huit jours sur l'état du sang d'un sujet normal. *Bordeaux*, 1900, 79 p. 8°. (*Thèse.*)

592. Mabboux. — Les indications du régime lacté dans le traitement des albuminuries. *Lyon méd.*, XCIII, 1900; 181-191.

593. Markiel (F.). — Milch als Immunisirungsmittel gegen die Maul- und Klauenseuche. *Wien. landwirth. Ztg.*, L, 1900; 161.

594. Martin (B.). — Traité de l'usage du lait. *Méd. mod.*, XI, Paris, 1900; 149.

595. Rachford (B.-K.). — Pancreatic digestion of casein (and disc.). *Arch. Pediat.*, XVII, New York, 1900 ; 413-430.

596. Romme (R.). — L'hygiène et la diète du typhique d'après le professeur Eichhorst (de Zurich). *Presse méd.*, II, Paris, 1900 ; 337.

597. Sandmeyer. — Ueber Rose's Diabetesmilch. *Berlin. klin. Woch.*, XXXVII, 1900; 974.

598. Schmidt. — (Expérience faite en vue de produire l'immunité contre la fièvre aphteuse par l'administration de lait bouilli provenant d'animaux atteints de cette maladie.) *Hessische landwirt. Ztschr.*, LII, 1900 ;108-109.

599. Schreiber (M.). — Ueber die Indicationen des Milchregimens bei der Behandlung der Albuminurie. *Med.-chir. Centralbl.*, XXXV, Wien, 1900; 285-288. — *Wien. med. Bl.*, XXIII, 1900 ; 147, 163.

600. Ssokolow (A.-D.). — (Lait gazeux.) *Vrach*, xxi, St. Pétersbourg, 1900 ; 73. **1900**

601. Vaquez (H.). — Alimentation dans la fièvre typhoïde. *Presse méd.*, i, Paris, 1900 ; 73.

602. X... — Rose's Diabetesmilch, ein ausschliesslich aus Milchbestandtheilen hergestelltes Nahrungsmittel für Zuckerkranke. *Milchzeitung*, xxix, Leipzig, 1900; 821.

603. X... — Ueber Milch für Kranke. *Med. Reform*, viii, Berlin, 1900; 182, 190.

604. Dæhne (A.). — Die Milch- und Molkencuren und ihre zweckmässigste Anwendung in verschiedenen Krankheiten. Zum gemeinnützigen Gebrauch für Aerzte und Nichtärzte. *Leipzig*, (s. d.), W. Lauffer, 282 p. 12º.

605. Rondot. — Régime lacté. *Paris*, (s. d.), Rueff & Cie., 200 p. 12º.

606. X... — Beitrag zur Erweiterung des Gebrauchs der Milch als Volksnahrungsmittel. Herausgegeben von dem Landeskulturrat für das Königreich Sachsen. *Dresden*, (s. d.), Schönfeld, 47 p. 8º.

X. — KOUMYS ET KÉFIR

607. Ruoff (A.-J.-F.). — Disquisitiones de fermentatione spirituosa lactis bubuli. **1833** *Tubingæ*, (1833), Typ. L. F. Fues, 35 p. 16º. (*Diss.*)

608. Schill (A.-F.). — Ueber den Milchbranntwein. *Tübingen*, 1833, G. Bähr, 43 p. 12. (*Inaug.-Diss.*)

609. Zablozky. — (Sur le koumys.) *St. Pétersbourg*, 1856, 8º. **1856**

610. Neftel. — Beobachtungen aus den Kirgisensteppen. *Würzburg. med. Ztschr.*, i, 1860; 1. **1860**

611. Ucke (J.). — Das Klima und die Krankheiten der Stadt Samara. *Berlin*, 1863, **1863** J. Springer, viii-271 p. 8º. (Kumys : p. 234-245.)

612. Postnikoff. — (Monographie du koumys.) *Samara*, 1866, 8º. **1866**

613. Gross (W.). — Die Kumys-Anstalten in der Kirgisensteppe und der Baschkirei. **1870** *Gaea*, vi, 1870; 313.

614. Weinberg (A.-M.). — Der Kumys. *München*, 1870, 8º. (*Inaug.-Diss.*)

615. Müller. — Ueber Kumys und sogen. Kumys-Anstalten. *Cor.-Bl. f. schweiz.* **1872** *Aerzte*, ii, Basel, 1872; 279.

616. Ebermann. — Ueber den Kumys. *St. Petersburg. med. Ztschr.*, iv, 1873-74, **1873** 229.

617. Kisch (E.-H.). — Zusammenstellung der neuesten Erfahrungen und Arbeiten über den Kumys, zu deutsch Milchwein. *Prag. Vrtljschr. f. prakt. Heilk.*, iii, 1873; 127.

618. Marius. — Einiges über Milch- und Molkenwein. *Deut. Klinik*, xxv, Berlin, 1873; 314, 321.

619. Schnitzler (J.). — Die physiologische und therapeutischen Wirkungen des Kumys. *Wien. med. Presse*, xiv, 1873 ; 272.

1873
620. STAHLBERG (E.). — Gesammelte Vorträge über die physiologische und therapeutische Wirkung des Kumys, gehalten im Wiener ärztlichen Verein 1873. (2. Aufl.) *Leipzig*, 1873, O. Wigand, 30 p. 8°.

621. WARRAUWA (J.-P.). — (Conférences médicales sur les résultats du traitement par le koumys en 1872.) *Moscou*, 1873, 144 p. 8°.

1881
622. KERN (E.). — Ueber ein neues Milchferment aus dem Kaukasus. *Bull. Soc. imp. d. naturalistes de Moscou*, 1881, n. 3.

1893
623. BOURQUELOT (E.). — Les fermentations. (Deuxième partie, chapitre II : Fermentations par dédoublement. Fermentation lactique. Koumiss et képhir.) *Paris*, 1893, Soc. d'édit. scient., 204 p. 8°.

1895
624. X... — Notice sur le képhir. *Paris*, 1895, Impr. Thivet-Rapide & Reverdot, 6 p. 8°.

1897
625. MANQUAT (A.). — Traité élémentaire de thérapeutique, de matière médicale et de pharmacologie. *Paris*, 1897, J.-B. Baillière & fils, 959 p. 8°. (Kéfir et koumys : p. 738-740.)

1898
626. MARTINY (B.). — Mazun. *Milchzeitung*, XXVII, Leipzig, 1898 ; 6.

1899
627. GRÆFF (H.). — Herstellung brausender Milch. *Molkerei-Ztg.*, IX, Berlin, 1899 ; 217.

628. SCHIPIN (D.). — (La bactériologie du koumys.) *St. Pétersbourg*, 1899, 8°. (*Thèse russe.*)

1900
629. BARILLÉ. — Boisson préparée avec le kéfir. *Union pharmaceut.*, XLI, Paris, 1900 ; 306.

630. CHIPIN (D.). — Ueber den Kumysbacillus. *Centralbl. f. Bakteriol.*, 2. Abth., VI, Jena, 1900 ; 775-777.

631. COUPIN (H.). — Le kéfir dans l'armée. *Nature*, 1° sem., Paris, 1900 ; 163.

632. DEROIDE (E.). — Le kéfir. Sa préparation. Sa composition. Ses propriétés. *Écho méd. du Nord*, IV, Lille, 1900 ; 287-292. — *Répert. de pharm.*, 3° s., XII, Paris, 1900 ; 481-490.

633. ECKERVOGT (R.). — Kefir und seine Darstellung aus Kuhmilch. (2. Aufl.) *Leipzig*, 1900, F. Borggold, 19 p. 8°.

634. HALLION (L.). — Le kéfir. *Presse méd.*, I, Paris. 1900 ; 265.

635. X... — Home-made kumyss. *Am. Drugg. & Pharmaceut. Rec.*, XXXVI, New York, 1900 ; 302.

636. X... — Du képhir, lait diastasé et de son emploi en médecine, *Paris*, (s. d.) Impr. A. Caudillon, 16 p. 8°.

XI. — PETIT-LAIT

637. Hentschel (G.). — De seri lactis virtute longe saluberrima. *Halæ Magdebur-* **1725**
gicæ, (1725), Typ. Chr. Hilligeri, 32 p. 8º. (*Diss.*)

638. Hoffmann (F.). — Opuscula medica practica, seu dissertationes selectiores. **1736**
Halæ, 1736, 4º. (Dec. I. Diss. IX. De saluberrima seri lactis virtute.)

639. Geymüller (J.-R.). — De sero lactis. *Basileæ*, 1738, 8º. (*Diss.*) **1738**

640. Schultness (S.). — De sero lactis dulci Hoffmanniano. *Tubingæ*, (1765), **1765**
Typis Sigmundianis, 24 p. 8º. (*Diss.*)

641. Aepli (J.-M.). — Zusatz zu Nº viii, S. 679 des Magazins ersten Jahrgangs, **1783**
fünftes und sechstes Stück. (Ueber Molken.) *Gaz. de santé*, ii, Zürich, 1783; 555-576.

642. Heim (J.-H.). — Ueber den medicinischen Gebrauch der Molken. *St. Gallen*, **1824**
1824, 8º.

643. Zemplin (A.). — Die Brunnen-und Molken-Anstalt zu Salzbrunn. *Breslau*, **1833**
1833, 192 p. 8º.

644. Kohlrausch. — Ueber die Molkenanstalt zu Rehburg. *Hannover*, 1841, 12º. **1841**

645. Werber. — Ueber die Wirkung und den Gebrauch der Molken. *Freiburg*, **1846**
1846, F. X. Wangler, 16 p. 16º. — *Teufen*, 1856, J.-J. Brugger, 16 p. 16º.

646. Niepce (B.). — Mémoire sur l'action des bains de petit-lait, soit pur, soit à **1850**
l'état de mélange avec l'eau sulfureuse d'Allevard. *Paris*, 1850, J.-B. Baillière, 32 p. 8º.

647. Mastalier (E.). — Mémoire sur le petit-lait alpestre et sur les bains d'Ischel. **1854**
Paris, 1854, J.-B. Baillière, 32 p. 8º.

648. Baraniecki (A.). — Notice sur le petit-lait en général et en particulier sur les **1858**
bains de petit-lait en Bessarabie. *Paris*, 1858, A. Delahaye, 23 p. 8º.

649. Perle (E.). — Die Molken und ihre Heilkraft. *Berlin*, 1858, A. Hirschwald,
45 p. 8º.

650. Falk (C.-J.). — Die Molken zu Obersalzbrunn in Schlesien. *Breslau*, 1859, **1859**
Grass, Barth & Co., 50 p. 8º.

651. Labat (A.). — La cure de petit-lait. *Paris*, 1874, J.-B. Baillière & fils, 21 p. 8º. **1874**

652. Koblonsky (F.). — Der Kurort Roznau in Mähren. *Wien*, 1875, Braumüller, **1875**
vi-58 p. 8º.

653. Modry (M.). — Der Molkenkurort Roznau in Mähren. Eine Würdigung der
Milch-und Molkenkuren vom physiologischen und therapeutischen Standpunkte, nebst
einer eingehenden Kurdiätetik. *Wien*, 1875, Siedel & Sohn, 8º.

654. Pircher (J.). — Meran als klimatischer Kurort mit Rücksicht auf dessen Kur-
mittel. (3. Aufl.) *Wien*, 1875, Braumüller, 96 p. 8º. (Molke, Milch & Kuh-Kumys :
p. 57-60.)

655. May (H.). — Zur Existenz-Frage der Molke. *München*, 1879, J.-A. Finsterlin, **1879**
22 p. 12º.

1883 656. FJORD (N.-J.). — Anvendelse af skummet Mælk til Foder for Kalve og Svin. (Emploi du petit-lait dans l'alimentation des veaux et des porcs.) In : *1. Beretn. f. d. k. Vet.-& Landbohöjsk. Laborat. f. landökon. Forsög*, Kjobenhavn, 1883, 8º.

657. FJORD (N.-J.). — *a*) Fodring af Kalve og Grise med skummet Mælk fra Centrifuge og Bötter. *b*) Holdbarhed af centrifugeret og ikke-centrifugeret Mælk. *c*) Forögelse af centrifugeret Mælks Holdbarhed ved Opvarmning. *2. Beretn. f. d. k. Vet.- & Landbohöjsk. Laborat. f. landökon. Forsög*, Kjobenhavn, 1883, 8º.

658. FJORD (N.-J.). — Fodrinsforsög med Svin, navnlig over Forholdet mellem Foderværdien af skummet Mælk og Valle samt mellem Korn, Mælk og Valle. (Le petit-lait dans l'alimentation des porcs.) *10. Beretn. f. d. k. Vet.- & Landbohöjsk. Laborat. f. landökon. Forsög*, Kjobenhavn, 1883, 8º.

1893 659. BESANA (C.). — Norme pratiche per l'allevamento dei vitelli col latte magro. *Ann. d. r. Staz. sper. di caseif. di Lodi*, 1893.

1899 660. FARRINGTON (E.-H.). — Pasteurization of skim milk. *Sixteenth Ann. Rep. Agr. Exp. Stat. Univ. Wisconsin*, Madison, 1899; 121-128. (2 fig.) — *Exp. Stat. Rec.*, xii, Washington, 1900-1901 ; 85.

661. HENRY (W.-A.). — The value of skim milk. *Wisconsin Dairymen's Assoc.*, Rep. 1899 ; 97-102.

662. HŒFT. — Beurteilung der Magermilch nach dem specifischen Gewicht. *Molkerei-Ztg.*, xiii, Hildesheim, 1899; 199.

663. HOLDEFLEISS. — Verfütterung von Magermilch an Milchkühe. *Ztschr. d. Landwirtschaftskammer f. Schlesien*, 1899 ; 1431.

664. SCHWARZ. — Die Erhitzung der Mager-und Buttermilch auf 85º C. *Molkerei-Ztg.*, xiii, Hildesheim, 1899; 17.

1900 665. FARRINGTON (E.-H.). — Testing skim milk. *Hoard's Dairyman*, xxxi, Fort Atkinson, 1900 ; 295.

XII. — LAIT STÉRILISÉ ET LAIT CONDENSÉ

1869 666. X... — Condensirte Milch, bereitet von der Anglo-Swiss condensed Milk Company, Cham, Canton Zug, Schweiz. Thatsachen, für das Publikum zusammengestellt. *Cham*, 1869, 32 p. 16º.

1891 667. LUNDE (H.-P.). — Pasteuriscringforsögene. *c*) Holdbarhedsforsög med pasteuriseret Mælk. (Expériences de pasteurisation. Expérience de conservation du lait pasteurisé.) *22. Beretn. f. d. k. Vet.- & Landbohöjsk. Laborat. f. landökon. Forsög*, Kjobenhavn, 1891, 8º.

668. MARTINY (B.). — Das Wesen und die Bedeutung der sterilisierten Milch. *Mittelrhein. Verbands-Kalender*, 1891. — *Frankfurt a/M.*, 1891, 6 p. 4º.

669. MACFARLANE (TH.). — Condensed milk. *Laborat. Inland Revenue Depart.*, Bull. **1897**
54, 1897, Ottawa (Canada), 28 p. 8°.

670. LEACH (A.-E.). — Analyses of condensed milk. *Massachusetts St. Bd. Health* **1898**
Rep., 1898; 695.

671. FÉRON. — Distribution du lait stérilisé (et discussion). *Bull. municipal officiel,* **1899**
Paris, 1899; 4056-4058.

672. ZIRN. — Ueber Eindicken von Voll- und Magermilch. *Milchzeitung,* XXVIII,
Leipzig, 1899; 452.

673. DRENKHAHN (B.). — Nochmals : Milch in fester und Pulverform. *Deut. land-* **1900**
wirt. Presse, XXVII, Berlin, 1900; 158.

674. FARRINGTON (E.-H.). — The estimation of fat in sweetened condensed milk
by the Babcock test. *Am. Chem. J.*, XXIV, Baltimore, 1900; 267-270. — *Exp. Stat. Rec.*,
XII, Washington, 1900-1901 ; 307.

675. GEISLER (J.-F.). — The estimation of fat in sweetened condensed milk. *J.
Am. Chem. Soc.*, XXII, Easton, Pa., 1900; 637-645.

676. GRÜNHUT (L.) & RUBER (S.-H.). — Die Bestimmung des Rohrzuckers in con-
densirter Milch. *Ztschr. f. anal. Chem.*, XXXIX, Wiesbaden, 1900; 19-36. — *Ztschr. f.
Unters. d. Nahrungs-& Genussmittel*, III, Berlin, 1900; 645. — *Exp. Stat. Rec.*, XII,
Washington, 1900-1901; 211. — *Chem. Repert.*, XXIV, Cöthen, 1900 ; 40. — *Analyst*,
XXV, London, 1900; 98-100.

677. HARRIS (F.-D.). — The supply of sterilised humanised milk for the use of
infants in St. Helens. *Brit. M. J.*, II, London, 1900; 427-431. — (Repr.) *London*, 1900;
9 p. 12°. (6 fig.)

678. HARRIS (F.-D.). — The municipal sterilisation of milk : an account of the ins-
tallation, and working of the system at St. Helens. (Abstr.) *Lancet*, II, London, 1900 ,
444.

679. HELD (A-.M.). — Poudre de lait sans substances conservatrices (Une nouvelle
invention danoise). *Ind. lait.*, XXV, Paris, 1900; 139.

680. HELD (A.-M.). — Milch in fester und Pulverform, eine für Meiereien wichtige
Erfindung. *Deut. landwirt. Presse*, XXVII, 1900; 118.

681. HITTCHER. — Die Fabrikation kondensierter Milch. *Milchzeitung*, XXIX, Leipzig, 1900; 132.

682. HOFFMANN. — Das Kucheverfahren für die in den Kuranstalten verwendete
Milch im Interesse ihrer Haltbarkeit. *28. Schles. Bädertag*, Reinerz, 1900; 24-30.
(8 Abbild.)

683. JOHANNESSEN (A.). — Sur la stérilisation du lait et le mode d'emploi du lait
stérilisé. *In* : XIII⁰ Cong. internat. de méd., Rés. d. rapports, Paris, 1900; (Sect. de
méd. de l'enf.) 13. — *Riv. internaz. d'ig.*, XI, Napoli, 1900 : 389. — *Rev. méd.*, IX, Paris,
1900; 261. — *München. med. Woch.*, XLVII, 1900; 1321. — *Jahrb. f. Kinderh.*, 3. F., II,
Berlin, 1900; 371. — *Presse méd.*, II, Paris, 1900; 153. — *Riforma med.*, III, Milano,
1900; 571-583. — *Rev. d. mal. de l'enf.*, XVIII, Paris, 1900; 355-367.

684. LEACH (E.). — Estimation of fat in condensed milk. *J. Am. Chem. Soc.*, XXII,
Easton, Pa., 1900 ; 589-592. — *Analyst*, XXV, London, 1900; 317.

685. MC GILL (A.) & MACFARLANE (TH.). — Condensed milk. *Laborat. Inland
Revenue Depart.*, Bull. 69, Ottawa (Canada), 1900, 21 p. 8°.

1900 686. Magniaux. — Le lait stérilisé dans les dispensaires de Rouen. *Normandie méd.*, XVI, Rouen, 1900 ; 25-30, 45-51, 73-81.

687. Niece (F.-E.). — Condensed milk. *Am. J. Pharm.*, LXXII, Philadelphia, 1900 ; 387.

688. Noir (J.). — A propos d'hygiène de l'enfance. Les dépôts de lait stérilisé à Paris. *Progrès méd.*, 3ᵉ s., XI, Paris, 1900 ; 106.

689. W... — Ueber die Milchsekt-Fabrikation. *Milchzeitung*, XXIX, Leipzig, 1900 ; 115.

690. X... — Fabrication du lait condensé en Suisse et lait pasteurisé au Canada. *Ind. lait.*, XXV, Paris, 1900 ; 219.

691. X... — Sterilized milk depôts. *Lancet*, I, London, 1900 ; 1096.

692. X... — The use of sterilised milk. *Lancet*, II, London, 1900 ; 337.

693. X... — Les avantages du lait stérilisé. *Ann. d'hyg.*, 3ᵉ s., XLIII, Paris, 1900 ; 375.

694. X... — Die Versorgung Malmös mit sterilisierter Milch. *Milchzeitung*, XXIX, Leipzig, 1900 ; 343.

695. X... — Examen critique de l'usage du lait stérilisé. *Hyg. lactée*, II, Paris, 1900 ; 186.

696. Straus (N.). — How the New York death rate was reduced. New York, (s. d.) 8 p. 8°.

XIII. — TRANSMISSION DE MALADIES

1849 697. Frost (H.-R.). — Erythematous stomatitis of the infant a cause of cracked or chapped nipples in the nurse. *Charleston M. J. & Rev.*, IV, 1849 ; 25-27.

1854 698. Beau. — Fièvre typhoïde ; innocuité du lait de la mère sur l'enfant, faits semblables observés dans des cas de fièvre jaune. *Monit. d. hôp.*, II, Paris, 1854 ; 580.

1856 699. Hérard. — Observation de fièvre typhoïde chez un enfant de 7 mois, allaité par sa mère, affectée de la même maladie. *Union méd.*, IX, Paris, 1856 ; 365. — *Bull. Soc. méd. d. hôp. de Paris*, II, 1863 ; 420-429.

1873 700. Evans. — Four cases of typhoid fever apparently due to milk. *Med. Times & Gaz.*, II, London, 1873 ; 253.

701. Russell (J.-B.). — Report on an outbreak of enteric fever connected with milk-supply. *M. J.*, 4. s., Glasgow, 1873 ; 474-481.

1875 702. Perroncito. — La tubercolosi in rapporto colla economia sociale e rurale. *Torino*, 1875, Camilla & Bertolero, 103 p. 8°. (2 pl.)

703. Schreiber (J.). — Zur Lehre von der artificiellen Tuberkulose. *Königsberg* i/Pr., 1875, J. Jacoby, 36 p, 8°. (*Inaug.-Diss.*)

704. Spear (J.). — Report of an epidemic of typhoid fever at Jarrow, due to the **1875** distribution of infected milk. *San. Rec.*, III, London, 1875; 195-197.

705. Ballard (E.). — Report on a unusual prevalence of enteric fever at Ascot **1878** during a period of four years and a half (caused by milk). *Rep. Med. Off. Local Gov. Bd.*, (1877). London, 1878; 39-68. (4 pl.)

706. Smee (A.). — Correspondence on milk, typhoid fever, and sewage. *In :* Memoir, etc., by his daughter. *London*, 1878; 382-393.

707. Cambron (C.-A.). — On an epidemic of fever caused by infected milk. *J. M.* **1879** *Sc.*, LXVIII, I, Dublin, 1879; 66.

708. Christie (J.). — On an outbreak of enteric fever, due to milk contamination, in the northern district of Barony Parish, adjoining Colston Toll. *San. Jour.*, n. s., III, Glasgow, 1879; 1-11.

709. Girdlestone. — Typhoid fever and milk. *San. Rec.*, n. s., I, London, 1879; 39.

710. Bergeron. — Rapport sur une note du consul de France à Dublin; transmis- **1880** sion de la fièvre typhoïde par le lait. *Rec. d. trav. Comité consult. d'hyg. pub. de France*, IX, Paris, 1880; 247-249.

711. Oglesby (R.-P.). — Typhoid fever and milk. *Brit. M. J.*, I, London, 1880; 89.

712. Beveridge (R.). — Account of an anomalous disease, allied to enteric fever, **1881** which occured at Aberdeen towards the end of March and the beginning of April, 1881, supposed to have been propagated through the medium of infected milk. *San. Jour.*, n. s., V, Glasgow, 1881-82; 73-79.

713. Hart (E.). — Sur la propagation des fièvres typhoïdes par lait de vache infecté, et sur leur prévention. *Compt. rend. Cong. périod. internat. d. sc. méd.*, VI, pt. 2, Amsterdam, 1881; 414-419.

714. Buck (W.-E.). — On an outbreak of typhoid fever due to the contamination **1883** of the milk supply. *Midland M. Misc.*, II, Leicester, 1883; 73.

715. Mac Donald (A.-P.). — Milk as a distributing cause in typhoid fever. *New York M. Times*, XI, 1883-84; 328.

716. Auerbach (B.). — Ueber Verbreitung des Typhus durch Milch. *Deut. med.* **1884** *Woch.*, X, Berlin, 1884; 709.

717. Martel (E.). — Observation de fièvre typhoïde chez l'enfant; infection pro- bable par le lait. *Rev. méd. franç. & étrang.*, I, Paris, 1884; 510-514.

718. Simpson (W.-J.). — Enteric fever and milk-supplies. *Lancet*, I, London, 1884; 487.

719. Allen (J.-F.). — Is enteric fever a cattle disease? An inquiry. *Pietermaritzburg*, **1885** (1885), 8°.

720. Thompson (A.). – Polluted milk and enteric fever. (Abstr.) *Australas. M. Gaz.*, V, Sydney, 1885-86; 265.

721. Ward (J.). — Typhoid fever; is it of cattle origin? *Lancet*, II, London, 1885; 521.

722. Harvey. — Abstract of a report on the outbreak of typhoid fever at Swanage **1886** (Dorset). *Rep. Med. Off. Local Gov. Bd.*, XVI, London, 1886-87; 294.

1886   723. New South Wales. — Central Board of Health. Report of the president of the board of health, upon an outbreak of typhoid fever in the municipal district of Leichhardt due to polluted milk, etc. *Sydney*, 1886, fol.

724. Niépce. — De la contagion et de la transmissibilité de la tuberculose. *Grenoble*, 1886, Breynat & Cie., 90 p. 8º.

725. Trautner. — Om Typhusepidemier og Fællesmejerier (Épidémie de fièvre typhoïde et laiteries). *Ugeskr. f. Laeger*, 4. R., xiv, Kjobenhavn, 1886; 353-363. (1 K.)

1888   726. Edson (C.). — Typhoid fever from milk, due to abcess of udder. *Brooklyn M. J.*, i, 1888; 182.

727. Fosbroke. — Typhoid fever spread by the agency of adulterated milk. *Pub. Health*, i, London, 1888-89; 312.

1889   728. Evans (C.). — Typhoid fever and milk. *Brit. M. J.*, i, London, 1889; 725.

729. Goldie. — Milk typhoid in Leeds. *Brit. M. J.*, ii, London, 1889; 110.

730. Mac Fadyen. — Epidemic of typhoid fever from milk at Stirling. *Brit. M. J.*, i, London, 1889; 1250.

1890   731. Littlejohn (H.). — An outbreak of typhoid fever due to milk infection. *Tr. Med.-Chir. Soc.*, n. s., x, Edinburgh, 1890-91; 88-106. (1 pl., 1 map.)

1891   732. Boobyer (P.). — Enteric fever in connection with milk supply. *Pub. Health*, iv, London, 1891-92 ; 110.

733. Brady (E.-J.). — Typhoid fever : a mode of infection. *Med. Press & Circ.*, lii, London, 1891; 602. — *Cincinnati Lancet & Clinic*, n. s., xxviii, 1892; 20.

734. Brown (E.-J.). — Milk as a medium of contagion in typhoid fever. *Tr. Illinois M. Soc.*, xli, Chicago, 1891; 145-148.

735. Christian (E.-P.). — Cow's milk and typhoid fever. *Am. Lancet*, n. s., xv, Detroit, 1891; 121-128.

736. Munro (A.-C.). — An outbreak of enteric fever from infected milk. *Pub. Health*, iv, London, 1891-92; 275-277.

737. Penkert. — Typhusepidemie im Bade Lauchstädt. *Ztschr. f. Med.-Beamte*, iv, Berlin, 1891 ; 48-52.

738. Schomerus. — Die Typhusepidemie zu Sittensen; ein Beitrag zur Lehre von der Uebertragung des Typhus abdominalis durch Milch. *Aerztl. Pract.*, iv, Hamburg, 1891; 601, 617.

1892   739. Williams (F.-M.). — Milk epidemic of typhoid. *Brit. M. J.*, i, London, 1892; 1157.

1893   740. Armaingaud. — Organisation de la ligue préventive contre la tuberculose. *Bordeaux*, 1893, Imp. J. Durand, 66 p. 8º.

741. Sedgwick (W.-T.). — An investigation of an epidemic of typhoid fever in Somerville, Massachusetts, due to infected milk. *Boston M. & S. J.*, cxxix, 1893; 489-491.

742. Sedgwick (W.-T.) & Chapin (W.-H.). — An investigation of an epidemic of typhoid fever in the City of Springfield, Massachusetts, due to infected milk. *Boston M. & S. J.*, cxxix, 1893; 485-489.

743. Spæt (F.). — Die Verbreitung des Abdominaltyphus im Regierungsbezirke Mittelfranken von 1870-90. *Arch. f. Hyg.*, xvii, München & Leipzig, 1893 ; 255-311.

744. NEWTON (K.-C.). — The recent epidemic of typhoid fever in Montclair, N. J., **1894** and vicinity, due to an infected milk-supply. *Med. Rec.*, XLV, New York, 1894; 713.

745. KATZENBACH (W.-H.). — An epidemic of typhoid fever at Bay Head, N. J., **1895** during July, 1894, and from direct infection of a milk-supply. *Rep. Dairy Com. New Jersey*, (1894). Trenton, 1895; 39-41.

746. RENARD. — Fièvre aphteuse chez l'enfant; transmission par le lait de vache; traitement. *Rev. mens. d. mal. de l'enf.*, XLII, Paris, 1895; 18-22.

747. RUSSELL (H.-L.). — Typhoid fever disseminated through the milk supply. *Science*, n. s., II, New York & Lancaster, 1895; 682.

748. SEDGWICK (W.-T.). — On an epidemic of typhoid fever in Marlborough, apparently due to infected skimmed milk. *Rep. Bd. Health Mass.*, (1893-94). XXVI, Boston, 1895; 765-774. (1 pl.)

749. BAKER (H.-B.). — Typhoid fever spread by milk. Appendix to a paper on **1896** « The etiology and pathology of typhoid fever ». *Rep. Michigan Bd. Health*, 1896; CLXIV-CLXXXV.

750. CAROE (K.). — Epidemier of tyfoid Feber i Danmark formentlig opstaaende **1898** gennem Mælk (Épidémie de fièvre typhoïde probablement due à du lait). *Ugeskr. f. Laeger*, 5. R., V, Kjobenhavn, 1898; 1009-1019.

751. BOLLINGER (O.). — Die Tuberkulose unter den Hausthieren und ihr Verhältniss **1899** zur Ausbreitung der Krankheit unter den Menschen. *In* : Bericht über den Kongress zur Bekämpfung der Tuberkulose als Volkskrankheit. *Berlin*, 1899; 102-114.

752. FRÆNKEL (C.). — Art und Weise der Uebertragung (der Tuberkulose). *In* : Bericht über den Kongress zur Bekämpfung der Tuberkulose als Volkskrankheit. *Berlin*, 1899; 179-194.

753. HALL (H.-O.). — The etiology of scarlet fever (Milk as a cause of it). *Med. Rec.*, LVI, New York, 1899; 697-700.

754. L... — Melk en typheuze koorts. *Hyg. Bl.*, II, Amsterdam, 1899; 81-86.

755. RIEDEL. — Ein Beitrag zur Typhusverbreitung durch Milch. *Molkerei-Ztg.*, IX, Berlin, 1899; 260.

756. SCHMIDT. — Die Milch einer eutertuberkulösen Kuh im Verkehr. *Ztschr. f. Fleisch-& Milchhyg.*, X, Berlin, 1899-1900; 39.

757. VIRCHOW (R.). — Nahrungsmittel (Uebertragung der Tuberkulose durch). *In* : Bericht über den Kongress zur Bekämpfung der Tuberkulose als Volkskrankheit. *Berlin*, 1899; 346-352. — *Deut. Vrtjschr. f. öff. Gsndhtspflg.*, XXXI, Braunschweig, 1899; 569. — *München. med. Woch.*, XLVI, 1899; 811. — *Deut. Med.-Ztg.*, XX, Berlin, 1899; 494.

758. WILSON (F.-C.). — Tuberculosis through milk. *Vet. J.*, London, 1899; 328.

759. BEAUDOIN (F.). — La contagion par le lait cru. *Hyg. lactée*, III, Paris, 1900; **1900** 234.

760. BEAUDOIN (F.). — Le lait cru et la fièvre typhoïde. *Hyg. lactée*, III, Paris, 1900; 202-205.

761. DRASCHE. — Kann Milch die Erkrankung von Menschen an Typhus verursachen? *Wien. landwirth. Ztg.*, L, 1900; 218.

762. LATHAM (A.). — A lecture on pulmonary tuberculosis in early childhood. *Lancet*, II, London, 1900; 1785.

1900   763. LITTLEJOHN (H.). — Milk as a source of infection. *San. Rec.*, XXV, London, 1900 ; 310.

764. MARKIEL (F.). — Uebertragung der Tuberkulose durch die Kuhmilch. *Wien. landwirth. Zig.*, L, 1900 ; 467.

765. MILCHNER (R.). — Die Uebertragung der Tuberkulose durch Milch und Milchprodukte. (Kritisches Referat.) *Ztschr. f. Tuberkulose & Heilstättenwesen*, I, 1900 ; 399-408.

766. RABINOWITSCH (L.). — Ueber die Gefahr der Uebertragung der Tuberkulose durch Milch und Milchprodukte. *Deut. med. Woch.*, XXVI, Berlin & Leipzig, 1900 ; 416, 491.

767. REPP (J.-J.). — Transmission of tuberculosis through the meat and milk-supply. *Philadelphia M. J.*, VI, 1900 ; 253-259.

768. SCHLEGTENDAL. — Die Bedeutung der Molkereien für die Verbreitung des Unterleibstyphus. *Deut. Vrtjschr. f. öff. Gsndhtspflg.*, XXXII, Braunschweig, 1900 ; 287-308.

769. SCHUPPENHAUER (R.). — Zur Frage der tuberkulösen Infection durch Nahrungsmittel, mit besonderer Berücksichtigung der Milch. *Berlin*, 1900, Boas, 32 p. 8°.

770. WILLIAMS (E.-M.-N.). — Diphtheria and milk-supply ; a filthy habit. *Lancet*, I, London, 1900 ; 132, 198.

771. X… — The « trembles » in cows and « milk-sickness ». *Med. Press & Circ.*, n. s., LXX, London, 1900 ; 685.

772. ZAMMIT (T.). — Milk poisoning in Malta. *Brit. M. J.*, I, London, 1900 ; 551. — *Jahrb. f. Kinderh.*, 3. F., II, Berlin, 1900 ; 771.

XIV. — INDUSTRIE LAITIÈRE

1838   773. GUENON (FR.). — Traité des vaches laitières, pour connaître à la simple inspection de l'animal, quelle quantité de lait une vache peut donner par jour, quelle est la qualité du lait et combien de temps la vache le maintiendra pendant la gestation nouvelle. *Bordeaux*, 1838, Impr. Balarac jeune, 115 p. 12°. (8 tab.)

1846   774. TROMMER (C.). — Das Molkenwesen, oder die Benutzung und Verwerthung der Milch zu Butter und Käse. *Berlin*, 1846, J. Springer, 91 p. 12°. (2 Taf.)

1847   775. SCHREIBER (J. VON). — Die Milchwirthschaft im Innern grosser Städte und deren nächster Umgebung, etc. Ein Handbuch für Milchviehhalter. *Prag*, 1847, Tempsky, 8°.

1851   776. LŒBE. — Die Milchwirthschaft im ihrem ganzen Umfange. *Leipzig*, 1851, 8°.

1856   777. DIETRICHS (J.-F.-C.). — Ueber Milch- und Kuhwirthschaft im nördlichen Deutschland in der Nähe grosser Städte. *Berlin*, 1856, K. Wigandt, 8°.

778. GUSSANDER. — Neue schwedische Milchwirthschaft ohne Keller. *Dresden*, 1856, 12°.

779. Gusset (H.). — Die Alpenwirthschaft in ihrem ganzen Umfange und darauf **1869**
bezügliche Urkunden und Sagen. *Bern*, 1869, Rieder & Simmen, 8°.

780. Martiny (B.). — Milch- und Molkereiwesen bei den Alten Preussen. (Sep.- **1872**
Abdr.) *Danzig*, 1872, 14 p. 8°.

781. Rushmore (J.-H.). — A treatise on aerated milk. *New York*, 1872, 8°.

782. Turini (A.). — Esperimenti di conservazione del latte per la fabricazione del **1874**
burro e del formaggio lodigiano, nell'estate. *Milano*, 1874, 8°.

783. Rhode. — Die Milchwirthschaft. *Berlin*, 1875, 8°. **1875**

784. Schatzmann (R.). — Manuel des fromageries ou introduction à l'industrie du
lait. (Traduit de l'allemand par L.-J. Jomini & Th. Eckerfeld.) *Aarau*, 1875, J.-J. Chris-
ten, 144 p. 8°. (6 fig. & 1 pl.)

785. Arnold (L.-B.). — American dairying. *Rochester, N. Y.*, 1876, 8°. **1876**

786. Barnes. — Conservation du lait par le chloroforme. *Ann. d'hyg.*, 2e s., XLVII, **1877**
Paris, 1877 ; 343.

787. Dettweiler (J.) & Lehnert (E.). — Reise-Studien über die Verwerthung der
Milch durch Butter und Käse. *Worms*, 1877, Schlapp, 104 p. 8°. (2 Taf.)

788. Fjord (N.-J.). - - Bericht über die Versuche auf dem Gebiete der Eismeierei,
ausgeführt auf der Landbau-Hochschule zu Kopenhagen und auf den Gütern Ourupgaard
und Gjedsergaard. Aus dem Dänischen von C. Boysen. *Bremen*, 1877, M. Heinsius
Nachf., 138 p. 8°.

789. Seydl (H.). — Ueber Milchwirthschaft und ihren besseren Betrieb mit beson- **1878**
derer Berücksichtigung der Verhältnisse Böhmens. *Prag*, 1878, 8°.

790. Belleville (G.). - Die Milch und deren Verwertung, die Erzeugung von **1879**
Butter und Käse und sonstiger Molkereiprodukte, etc. *Wien*, 1879, Faesy-Frick, 8°.
(48 Abbild.)

791. Girard (Ch.). — Documents sur les falsifications des matières alimentaires et **1882**
sur les travaux du Laboratoire municipal. (Rapport général sur les diverses questions
relatives au commerce du lait par une Commission composée de MM. Payen, Baube,
Bouchardat, Bussy, etc., p. 273-287.) *Paris*, 1882, Imp. Municipale, 547 p. 8°.

792. Werner (E.). — Katechismus der Milchwirthschaft. *Leipzig*, 1884, Weber, **1884**
290 p. 8°.

793. X... — Sammlung milchwirthschaftlicher Vorträge, gehalten in Zofingen. **1885**
Bern, 1885, Wyss, 64 p. 8°.

794. Klenze (H. von). — Der praktische Milchwirth. *Stuttgart*, 1886, Ulmer, **1886**
221 p. 8°.

795. Fjord (N.-J.). — Tabelværk med Tavle til Brug i Fællesmejerier, særlig hvor **1887**
man önsker at betale Mælken efter dens Fedme. (Tableaux à l'usage des laiteries où
l'on désire payer le lait suivant sa richesse en matière grasse.) *9. Beretn. f. d. k. Vet.- &
Landbohöjsk. Laborat. f. landökon. Forsög*, (Tillæg). Kjobenhavn, 1887, 8°.

796. Rava (J.). — Acidità del latte in rapporto alla fabricazione de formaggio. *Lodi*,
1887, 12°.

797. Fjord (N.-J.). -- Bevægelige Forsögsstationer i Danmark. b) Fodringsforsög **1888**
med Malkeköer i Vinteren 1887-88. (Essai d'alimentation de vaches laitières dans l'hi-
ver 1887-88.) *13. Beretn. f. d. k. Vet.- & Landbohöjsk. Laborat. f. landökon. Forsög*, Kjobenhavn, 1888, 8°.

1889   798. FJORD (N.-J.). — 2det Aars Fodringsforsög med Malkeköer : Sammenligning mellem Kraftfoder og Roer. (2ᵉ année de recherches sur l'alimentation des vaches laitières.) 17. *Beretn. f. d. k. Vet.- Landbohöjsk. Laborat. f. landökon. Forsög*, Kjobenhavn, 1889, 8º.

799. HELM (W.). — Die Milchbezahlung. Eine auf praktische Ergebnisse gestütze Andeutung zur gerechten Bezahlung der Milch bei Genossenschaften und Milchpachtungen, etc. *Prenzlau*, 1889, A. Mieck, VII-120 p. 8º.

1890   800. FJORD (N.-J.). — 3die Aars Fodringsforsög med Malkeköer. Fortsat Sammenligning mellem Kraftfoder og Roer. (3ᵉ année de recherches sur l'alimentation des vaches laitières.) 20. *Beretn. f. d. k. Vet.- & Landbohöjsk. Laborat. f. landökon. Forsög*, Kjobenhavn, 1890, 8º.

801. KOEHNKE (O.). — — Der Ratgeber in der Behandlung der Milch und Butter. (2. Aufl.) *Bautzen*, 1890, Zickfeldt, 86 p. 8º.

1891   802. KRSCHKA (J.). — Ertragreiche Milchwirthschaft. Praktische Anleitung zur Gewinnung und Verwertung der Milch auf Grund landwirthschaftlicher und kaufmännischer Erfahrungen in Oesterreich-Ungarn. *Wien*, 1891, C. Fromme, IV-175 p. 8º. (17 Abbild.)

803. LUNDE (H.-P.). — Pasteuriseringsforsögene. *b*) Forsög med Pasteurisering af söd Mælk og Flöde samt Anvendelse af god Syre som Middel til Bekæmpelse af forskjellige Mælke- og Smörfejl. (Expériences de pasteurisation. *b*) Pasteurisation du lait et de la crème ; correction de certains défauts du lait et du beurre par l'emploi d'un bon agent producteur d'acidité.) 22. *Beretn. f. d. k. Vet.- & Landbohöjsk. Laborat. f. landökon. Forsög*, Kjobenhavn, 1891, 8º.

804. RICHTER (ST.). — Die zehn Gebote des Milchviehhälters. *Prag*, 1891, H. Dominicus, 12 p. 8º.

805. SCHÆFER (W.). — Lehrbuch der Milchwirthschaft. (4. Aufl.) *Stuttgart*, 1891, Ulmer, 200 p. 8º.

806. SIEDEL (J.). — Kurze Anleitung zum nutzbringenden Betrieb der Milchwirthschaft. *Graz*, 1891, Leuschner & Lubensky, VI-175 p. 8º. (51 Abbild. & Tab.)

1892   807. FRIIS (F.). — 4de og 5de Aars Fodringsforsög med Malkeköer (1891 og 1892). (4ᵉ et 5ᵉ années de recherches sur l'alimentation des vaches laitières, 1891 et 1892.) 27. *Beretn. f. d. k. Vet.- & Landbohöjsk. Laborat. f. landökon. Forsög*, Kjobenhavn, 1892, 8º.

1894   808. FRIIS (F.). — 6te og 7de Aars Fodringsforsög med Malkeköer (1893 og 1894). (6ᵉ et 7ᵉ années de recherches sur l'alimentation des vaches laitières, 1893 et 1894.) 29. *Beretn. f. d. k. Vet.- & Landbohöjsk. Laborat. f. landökon. Forsög*, Kjobenhavn, 1894, 8º.

809. GURLER (H.-B.). — American dairying. A practical treatise on dairy farming and the management of creameries. *Chicago, Ill.*, 1894, Breeder's Gaz. Print, 267 p. 12º.

1895   810. BECKER (J.). — Ueber Melasse-Fütterung. *Leipzig*, 1895, Sellmann & Henne, 47 p. 8º. (*Inaug.-Diss.*)

811. BOURGOIN. — Conservation du lait par addition d'acide borique. *Ann. d'hyg.*, XXXIV, Paris, 1895 ; 472.

812. FRIIS (F.). — Samlet Oversigt over Fodringsforsögene med Malkeköer 1887-

1895. (Compte rendu des expériences relatives à l'alimentation des vaches laitières, faites **1895** de 1887 à 1895.) *34. Beretn. f. d. k. Vet.- & Landbohöjsk. Laborat. f. landökon. Forsög,* Kjobenhavn, 1895, 8º.

813. THIERRY (E.). — Les vaches laitières. *Paris*, 1895, J.-B. Baillière, 350 p. 12º. (75 fig.)

814. BREVANS (J. DE). — Les conserves alimentaires. (Chapitre III : Conservation **1896** du lait.) *Paris*, 1896, J.-B. Baillière & fils, VIII-396 p. 12º. (72 fig.)

815. CORNEVIN (CH.). — A l'Exposition de Genève. Rendement en lait et en viande d'une vache châtrée et engraissée. *J. de méd. vét. & zootechn.*, 4e s., XXI, Lyon, 1896 ; 496.

816. HENRIQUEZ (V.) & STRIBOLT (V.). — Forsög med et selvregulerende Pasteuriseringsapparat. (Expériences faites avec l'appareil à pasteuriser auto-régulateur.) *35. Beretn. f. d. k. Vet.- & Landbohöjsk. Laborat. f. landökon. Forsög*, Kjobenhavn, 1896, 8º.

817. LEZÉ (R.). — Stérilisation du lait. Études de MM. Pellerin et Lezé. *J. d'agricult. prat.*, I, Paris, 1896 ; 890.

818. VOORHEES (E.-B.). — Food and nutrition investigations in New Jersey in 1895 and 1896. *U. S. Depart. Agricult., Off. Exp. Stat.*, Bull. 35, Washington, 1896, 40 p. 8º.

819. COLLARD-BOVY (A.). — De l'organisation à donner à l'industrie laitière belge. **1897** (Vente du lait en nature, etc.) *Bull. de l'agricult.*, XIII, Bruxelles, 1897 ; 172-185.

820. FRIIS (F.). — 8de og 9de Aars Fodringsforsög med Malkeköer. Sammenligning mellem Blandsæd og Hvede (1895) og Melassefoder (1896). (8e et 9e années de recherches sur l'alimentation des vaches laitières.) *39. Beretn. f. d. k. Vet.- & Landbohöjsk. Laborat. f. landökon. Forsög*, Kjobenhavn, 1897, 8º.

821. RAMM (E.). — Melkresultate von Jersey-und Guernesey-Kühen in der akademischen Gutswirthschaft zu Bonn-Poppelsdorf. Laktation, 1896-97. *Bremen*, 1897, Heinsius, 31 p. 12º. (4 Abbild.)

822. ADRIAENSEN (A.). — L'enseignement de la laiterie en Prusse. *Bull. de l'agricult.*, **1898** XIV, Bruxelles, 1898 ; 296-350.

823. CADY (W.-B.). — The amount of food consumed by a cow producing a large quantity of milk and butter. *Missouri Agr. Exp. Stat. Rep.*, 1898 ; 113-123. — *Exp. Stat. Rec.*, XI, Washington, 1899-1900. ; 1078.

824. DAVENPORT (E.) & FRASER (W.-J.). — Variations in milk production. *Univ. Illinois Agr. Exp. Stat.*, Bull. 51, Urbana, 1898 ; 77-104.

825. FINDLAY (J.-H.). — Care of milk for cheese factories and creameries. *Ontario Agr. Coll. & Exp. Farm*, Bull. 107, 1898 ; 14.

826. REYNOLDS (J.-B.). — Some investigations in dairy physics. *Ontario Agr. Coll. & Exp. Farm. Rep.*, 1898 ; 5-7.

827. STORCH (V.). — En kemisk Pröve til at afgjöre, om Mælk eller Flöde har været opvarmet til mindst 80º C. eller ikke. (Une épreuve chimique permettant de déterminer si le lait a été porté ou non à une température de 80º C.) *40. Beretn. f. d. k. Vet.- & Landbohöjsk. Laborat. f. landökon. Forsög*, Kjobenhavn, 1898 , 8º.

828. BENDIXEN. — Verfahren zur Sterilisirung von Milch unter Ausschluss der Luft **1899** in Gegenwart von Kohlensäure. *Molkerei-Ztg.*, IX, Berlin, 1899 ; 652.

1899

829. Besana (C.). — La fabbricazione della caseina per uso industriale. *Ann. d. r. Staz. sper. di caseif. di Lodi*, 1899. — *Milchzeitung*, xxix, Leipzig, 1900; 583.

830. Bœggild (B.). - (La production laitière et fromagère du Danemark en 1897.) *Ugeskr. f. Landm.*, xlv, Kjobenhavn, 1899; 585. — *Milchzeitung*, xxix, Leipzig, 1900; 181.

831. Bœggild (B.). — Kortfattet Mælkerilære, for Elever i Landbrugsskoler. (Manuel de l'industrie laitière.) *Kjobenhavn*, 1899, E. Bojesen, 96 p. 12°. (109 Fig.)

832. Bos (A.). — Der Milchertrag der einzelnen Tiere eines Stalles vom 8 Kühen in der Provinz Süd-Holland. *Molkerei-Ztg.*, ix, Berlin, 1899; 190.

833. Cagny (P.). — Mesures à prendre contre la fièvre aphteuse. *Ber. d. VII. internat. thierärztl. Kong.*, i, Baden-Baden, 1899; 169-183.

834. Cameron (C.-A.).— On the composition of the milk yielded morning and evening by cows at Glasgeven government agricultural institutions. *Brit. Food J.*, i, 1899; 168. — *Exp. Stat. Rec.*, xi, Washington, 1899-1900; 577.

835. Carlyle (W.-L.). — The effect on dairy cows of changing milkers. *Sixteenth Ann. Rep. Agr. Exp. Stat. Univ. Wisconsin*, Madison, 1899; 89-91. — *Exp. Stat. Rec.*, xii, Washington, 1900-1901 ; 83.

836. Clerk. — Erhaltung der Marktmilch durch Aufbewahrung unter Kohlensäure und Sauerstoff. *Molkerei-Ztg.*, ix, Berlin, 1899; 216.

837. Cope (A.-C.). — The prevention of foot and mouth disease. *Ber. d. VII. internat. thierärztl. Kong.*, i, Baden-Baden, 1899; 184-242.

838. Cottrell (H.-M.), Burtis (F.-C.) & Otis (D.-H.). — Keeping milk in summer. *Kansas Agr. Exp. Stat.*, Bull. 88, 1899, 7 p. 8°. (7 fig.)

839. Cramer (W.). — Ueber den Einfluss des Grades der Milchentrahmung auf die Höhe der Butterausbeute. *Leipzig*, 1899, B. Georgi, 58 p. 8°.

840. Dammann. — Die Bekämpfung der Maul-und Klauenseuche. *Ber. d. VII. internat. thierärztl. Kong.*, i, Baden-Baden, 1899; 243-294.

841. Davies (C.-B.). — Influence of pasture land on the quantity and quality of milk. *J. Brit. Dairy Farmers' Assoc.*,xiv, 1899; 217-223.

842. Dean (H.-H.). — Report of the professor of dairy husbandry. *Ontario Agr. Coll. & Exp. Farm Rep.*, 1899; 54-74. — *Exp. Stat. Rec.*, xii, Washington, 1900-1901 ; 384-387.

843. Decker (J.-W.). — A composite milk-sampling pipette. *Sixteenth Ann. Rep. Agr. Exp. Stat. Univ. Wisconsin*, Madison, 1899; 155, 156. (1 fig.)

844. Du Roi. — Eismilch in ihrer Bedeutung für die Versorgung der Grossstädte. *Kor. d. deut. milchwirt. Ver.*, 1899; (N. 58) 6.

845. Emery (F.-E.) & Johnson (J.-M.). — Feeding experiments and milk records. *North Carolina Agr. Exp. Stat.*, Bull. 169, 1899, 20 p. 8°. — *Exp. Stat. Rec.*, xi, Washington, 1899-1900; 1078.

846. Farrington (E.-H.). — Testing cows at the farm. *Agr. Exp. Stat. Univ. Wisconsin*, Bull. 75, Madison, 1899, 30 p. 8°. (with fig.)

847. Friis (F.). — Forsög med Pasteuriseringsapparater 1897-1899 (Expériences faites de 1897 à 1899 avec des appareils à pasteuriser). *43. Beretn. f. d. k. Vet.-& Landbohöjsk. Laborat. f. landökon. Forsög*, Kjobenhavn, 1899, A. Bang, 147 p. 8°.

848. GUENON (F.). — Traité des vaches laitières et de l'espèce bovine en général. **1899**
Pithiviers, 1899, Impr. L. Gauthier, xvi-372 p. 8º. (avec figures)

849. HARDING (H.-A.) & ROGERS (L.-A.). — The efficiency of a continuous pasteurizer at different temperatures. *New York St. Agr. Exp. Stat.*, Bull. 172, 1899; 507-530. (2 fig.) — *Exp. Stat. Rec.*, xii, Washington, 1900-1901; 287.

850. HITE (B.-H.). — The effect of pressure in the preservation of milk. *West Virginia Agr. Exp. Stat.*, Bull. 58, 1899; 15-35. (6 fig.) — *Exp. Stat. Rec.*, xi, Washington, 1899-1900; 583. — *Milchzeitung*, xxix, Leipzig, 1900; 39.

851. HITTCHER (K.). · Milchviehzucht auf Leistung! Kurzgefasster Bericht über die Untersuchung der Milch von 63 Kühen der Herde in Kleinhof-Tapiau. *Berlin*, 1899, P. Parey, 41 p. 8º.

852. HOLMES-PEGLER (H.-S.). — Goats for the supply of milk to cottagers. *J. Brit. Dairy Farmers' Assoc.*, xiv, London, 1899; 16-20.

853. KLŒPFER (E.). — Die Ernährung und Haltung der Ziege als Milchtier des kleinen Mannes. (5. Aufl.) *Essen*, 1899, G. D. Bædeker, 76 p. 8º.

854. LANE (C.-B.). — Dairy experiments. *New Jersey Agr. Exp. Stat.*, Bull. 137, 1899, 24 p. 8º· — *Exp. Stat. Rec.*, xi, Washington, 1899-1900; 883.

855. LANE (C.-B.). — Dairy husbandry. *New Jersey Agr. Exp. Stat. Rep.*, 1899; 189-196, 202-269. (1 pl. 1 diag.) — *Exp. Stat. Rec.*, xii, Washington, 1900-1901 ; 382-384.

856. LAVALLÉE (H. DE). — (Nouveau procédé de conservation du lait sous pression.) *Maelkeri-Tid.*, xii, Kjobenhavn, 1899; 292.

857. MARTINY (B.). — Prüfung der « Thistle » Melkmaschine. (Heft 37 der « Deutschen Landwirthschafts-Gesellschaft ».) *Berlin*, 1899, P. Parey, viii-117 & 83 p. 8º.

858. OHL. — Einfluss der Milchmenge auf die Einträglichkeit des Molkereibetriebes. *Molkerei-Ztg.*, ix, Berlin, 1899 ; 451.

859. PLEHN (B.). — Die Nothwendigkeit von Reformen im Molkereiwesen. *Rothe Kreuz*, xvii, Berlin, 1899; 250.

860. PORCHEREL (A.). — Procédés de conservation du lait et du beurre. (Anal.) *J. de méd. vét. & zootechn.*, 5e s., iii, Lyon, 1899; 646.

861. RUSSELL (H.-L.). — The history of a tuberculous herd of cows. *Agr. Exp. Stat. Univ. Wisconsin*, Bull. 78, Madison, 1899, 16 p. 8º. (7 fig.)

862. SIEDEL (J.). — Die Statistik der Molkereien im Grossherzogthume Mecklenburg-Schwerin für das Jahr 1898. *Jahresber. d. milchwirt. Centralstelle für Mecklenburg-Schwerin zu Güstrow*, 1899; 14-17. — *Milchzeitung*, xxix, Leipzig, 1900; 708, 725, 740.

863. STOKES (A.-W.). — Effect of drought on the quality of milk. *Dairy*, xxxi, London, 1899; 292.

864. WUNDERLICH. — Sollen frischmelkende Kühe zwei-oder dreimal gemolken werden? *Landwirth. Ann. d. mecklenburg. patriot. Ver.*, 1899; 155.

865. ALVORD (H.-E.). — Dairy development in the United States. *Yearbook U. S.* **1900**
Depart. Agricult., (1899). Washington, 1900 ; 381-402. (with fig.)

866. ALVORD (H.-E.). — The work of the United States Department of Agriculture in connection with the production and handling of milk. *Arch. Pediat.*, xvii, New York, 1900; 193. — *Lancet*, i, London, 1900; 661.

1900

867. Appunti. — La diffusione dell'afta epizootica. Calcolo della quantità di grasso dato dal latte di una vacca annulamente in base ai risultati delle mungiture di prova. *Agricoltura moderna*, VI, Milano, 1900; 161.

868. Arnstadt (A.). — Was kostet uns das Liter Milch zu produzieren ? *Deut. landwirt. Presse*, XXVII, Berlin, 1900; 415, 471.

869. Baert (C.-G.). — Melksterilisatie (Stérilisation du lait). *Nederl. Tijdschr. f. Pharm., Chem. & Toxicol.*, XII, S'Gravenhage, 1900 ; 193, 233.

870. Beach (C.-L.). — A study on dairy cows. *Connecticut Storrs Agr. Exp. Stat.*, Bull. 20, 1900, 40 p. 8°. (16 fig.) — *Exp. Stat. Rec.*, XII, Washington, 1900-1901 ; 380.

871. Bizzozero (G.). — Un nuovo metodo per la conservazione del latte. *Riv. d'ig. & san. pubb.*, XI, Torino, 1900; 377-381.

872. Bernstein (A.). — Die Nutzleistung der Regenerativ-Erhitzer. *Milchzeitung*, XXIX, Leipzig, 1900; 53.

873. Boysen. — Zur Versorgung der Grossstadt mit Milch. *Milchzeitung*, XXIX, Leipzig, 1900; 81.

874. Brown (W.). — Canadian experiments in animal growth and dairy produce. *Tr. Highland & Agr. Soc. Scotland*, 5. s., XII, Edinburgh, 1900; 137-161.

875. Bühler (von). — Neuester Milchhochdruckpasteur und Regenerativerhitzer der Vereinigten Sterilisatorwerke Kleemann & Co., G. m. b. H., Berlin. *Ztschr. f. Fleisch-& Milchhyg.*, X, Berlin, 1900; 202-206.

876. Burstert. — Die 4. Milchleistungs-Prämiirung der Allgäuer Herdebuch-Gesellschaft pro 1898/99 am 6. Mai 1900. *Mitth. d. milchwirth. Ver. im Allgäu*, XI, Memmingen, 1900; 225-230.

877. Chapais (J.-C.). — Une société coopérative d'industrie laitière. *J. d'agricult. & d'horticult.*, III, Québec, 1900; 395.

878. Chemiker-Zeitung. — Milch und Molkereierzeugnisse (am Ende des 19. Jahrhunderts). *Chem.-Ztg.*, XXIV, Cöthen, 1900 ; 138.

879. Coras. — De la valeur comparative du lait converti en beurre ou en fromage. *J. de l'agricult.*, II, Paris, 1900 ; 225, 252.

880. Courtney (F.-S.). — The trials of milking machines at York. *J. Roy. Agr. Soc. England*, 3. s., XI, London, 1900 ; 466-472.

881. Crawford (R.-F.). — The food supply of the United Kingdom. *J. Roy. Agr. Soc. England*, 3. s., XI, London, 1900; 19-35.

882. Cuisset (O.). — Fabrication du sucre de lait. *Laiterie*, X, Paris, 1900; 106, 117, 126.

883. Dean (H.-H.). — Pasteurized *vs.* raw skim-milk for calves. *Twenty-fifth Ann. Rep. Ontario Agr. Coll. & Exp. Farm*, (1899). Toronto, 1900; 67.

884. Dean (H.-H.). — Pasteurized milk and cream for buttermaking. *Twenty-fifth Ann. Rep. Ontario Agr. Coll. & Exp. Farm*, (1899). Toronto, 1900 ; 69.

885. Dean (H.-H.). — Flavor and gas in curd as affected by place of milking and place of aeration. *Twenty-fifth Ann. Rep. Ontario Agr. Coll. & Exp. Farm*, (1899). Toronto, 1900 ; 56.

886. Dean (H.-H.). — Milk tests at the Fall fairs. *Twenty-fifth Ann. Rep. Ontario Agr. Coll. & Exp. Farm*, (1899). Toronto, 1900; 73.

887. Dean (H.-H.). — Care of milk for cheese-making. *Twenty-fifth Ann. Rep.* **1900** *Ontario Agr. Coll. & Exp. Farm*, (1899). Toronto, 1900 ; 55.

888. Dechambre (P.). — Zootechnie générale. (2ᵉ partie : la production du lait (galactopoïèse), p. 145-180.) *Paris*, 1900 , J. Rueff, xxx-316 p. 12°. (12 fig.)

889. Dechambre (P.). — Variations qualitatives du lait. *Ind, lait.*, xxv, Paris, 1900; 89.

890. Doane (C.-F.). — The influence of feed and care on the individuality of cows. *Maryland Agr. Exp. Stat.*, Bull. 69, 1900 ; 31-60. (7 fig.)

891. Du Roi. — Ueber die Erhitzung der Vollmilch oder deren Nebenprodukte in den Sammelmolkereien. *Ztschr. f. Fleisch-& Milchhyg.*, x, Berlin, 1900; 261-265. — *Milchzeitung*, xxix, Leipzig, 1900 ; 373.

892. Ferville (E.). — L'industrie laitière en Orient. *Ind. lait.*, xxv, Paris, 1900 ; 373.

893. Grandeau (L.). — L'élevage et la laiterie en Danemark. *J. d'agricult. prat.*, ii, Paris, 1900; 461, 499, 534.

894. Haecker (T.-L.). — Investigation in milk production. *Minnesota Agr. Exp. Stat.*, Bull. 67, 1900; 333-516, 550-556. (30 fig. & 3 diag.) — *Exp. Stat. Rec.*, xii, Washington, 1900-1901; 479-481.

895. Hamilton (G.). — Einiges über Herstellung von Käsen aus pasteurisirter Milch. *Milchzeitung*, xxix, Leipzig, 1900; 145. — *Exp. Stat. Rec.*, xii, Washington, 1900-1901 ; 288.

896. Happich (C.). — Eröffnung und Programm der milchwirthschaftlichen Abtheilung der bakteriologischen Station des Veterinärinstituts. (Sonder-Abdr.) *Dorpat*, 1900, H. Laakmann, 4 p. 8°.

897. Henzold (O.). — Ein neuer Apparat zur Eindickung von Milch und anderen Flüssigkeiten. *Milchzeitung*, xxix, Leipzig, 1900 ; 401.

898. Hohenegg. — Wie viel kostet die Produktion von 1 Liter Milch? *Mitth. d. milchwirth. Ver. im Allgäu*, xi, Memmingen, 1900; 89-91.

899. Hohenegg. — Die Lage der Milchwirthschaft im Allgäu. *Mitth. d. milchwirth. Ver. im Allgäu*, xi, Memmingen, 1900; 251-257.

900. Jœsting. — Die berechtigten Interessen der Landwirte an einer Erhöhung des Milchpreises. *Deut. landwirt. Presse*, xxvii, Berlin, 1900; 267.

901. Klein & Kirsten (A.). — Versuche betreffend die Wiederherstellung der Verkäsungsfähigkeit erhitzter Milch durch Chlorcalciumzusatz. *Milchzeitung*, xxix, Leipzig, 1900 ; 177, 196, 210, 242, 258.

902. Lapparent (H. de). — L'association en laiterie. Ses progrès et ses résultats. *Ind. lait.*, xxv, Paris, 1900 ; 381.

903. Long (J.). — Dairying at home and abroad. Methods and profits compared. *Tr. Highland & Agr. Soc. Scotland*, 5. s., xii, Edinburgh, 1900; 47-75.

904. Loverdo (J. de). — Applications du froid industriel au commerce des produits agricoles. (Beurre, lait, etc.) *J. de l'agricult.*, ii, Paris, 1900; 855-859.

905. M... — L'industrie laitière en Danemark. *Ind. lait.*, xxv, Paris, 1900 ; 342.

906. Martiny (B.). — Milchwirthschaftliches Taschenbuch für 1900. *Leipzig*, 1900, M. Heinsius Nachfolger, 2 Theile, 12°.

1900

907. Momsen (C.). — Fütterungsversuche mit Kürbissen an Milchkühe. *Milchzeitung*, xxix, Leipzig, 1900; 6.

908. Monrad (J.-H.) — Pasteurization and milk preservation, with a chapter on milk selling. (70 illustr.) *Winnetka, Ill.*, 1900, J. H. Monrad, 80 p. 8°.

909. Nicolas (L.). — Mémoire sur l'exploitation agricole et forestière d'Arcy-en-Brie (Seine-et-Marne), créée en vue de la production et la vente du lait. *Paris*, 1900, Impr. Cerf, vi-92 p. 4°. (grav.)

910. Ramm (E.). — Fütterungsversuche mit Rohrzucker an Milchkühe. (Ref.) *Centralbl. f. Agrikulturchem.*, xxix, Leipzig, 1900; 601.

911. Ramm (E.) & Mœller (E.). — Fütterungsversuche mit Illipenuss-und Palmkern-Illipekuchen an Milchkühe. (Ref.) *Centralbl. f. Agrikulturchem.*, xxix, Leipzig, 1900; 233.

912. Ramm (E.) & Momsen (C.). — Der Nichtzucker in der Melasse ist bei der Fütterung an Milchkühe wirksam. *Milchzeitung*, xxix, Leipzig, 1900; 433.

913. Ramm (E.), Momsen (C.) & Schumacher (Th.). — Fütterungsversuche mit Palmkernkuchen, Palmkernschrot, Lemmehl, Ricinusmehl und Erdnussmehl bei Milchkühen. *Milchzeitung*, xxix, Leipzig, 1900; 291, 309, 340, 353.

914. Rauch (J.). — Der Werth der Milchbezahlung nach Fettgehalt bei Maul- und Klauenseuche. *Deut. landwirt. Presse*, xxvii, Berlin, 1900; 751.

915. Rideal (S.). — The use and abuse of preservatives. *Lancet*, i, London, 1900; 228.

916. Rigaux (E.). — Laiterie, beurre et fabrication des fromages. (Tomes v et vi de la Petite Encyclopédie d'agriculture). *Paris*, (1900), Bernard Tignol, 320 p. 12°. (avec fig.)

917. Rozeray (A.). — Étude sur les beurreries coopératives et l'industrie laitière dans le département des Deux-Sèvres. *Niort*, 1900, L. Clouzot, 182 p. 8°. (42 fig. & 1 carte.)

918. Schmidt. — Erzielung von Widerstandsfähigkeit gegen Maul-und Klauenseuche durch Verfütterung abgekochter Milch von seuchenkranken Thieren. (Ref.) *Mitth. d. milchwirth. Ver. im Allgäu*, xi, Memmingen, 1900; 98.

919. Schrott-Fiechtl (H.). — Ueber die Bezahlung der Milch nach Trockensubstanz. *Milchzeitung*, xxix, Leipzig, 1900; 68-71.

920. Schulze (B.). — Maiskeimmelasse als Futter für Milchvieh. *Centralbl. f. Agrikulturchem.*, xxix, Leipzig, 1900; 167.

921. Siedel (J.). — Milchwirthschaftliche Statistik für das Jahr 1899. *Jahresber. d. milchwirt. Centralstelle f. Mecklenburg-Schwerin zu Güstrow*, 1900; 18-32. — *Milchzeitung*, xxix, Leipzig, 1900; 708, 740.

922. Shanks (R.). — Lessons from a milk record. *Tr. Highland & Agr. Soc. Scotland*, 5. s., xii, Edinburgh, 1900; 99-112. — *Exp. Stat. Rec.*, xii, Washington, 1900-1901; 185.

923. Société de l'alimentation rationnelle du bétail. — Compte rendu du Congrès international de l'alimentation du bétail, Paris 21-23 juin 1900. *Paris*, 1900, Impr. Nationale, 200 p. 8°.

924. Storch (V.). — Forsög med Pasteuriseringsapparater, 1900 (Expériences

faites en 1900 avec des appareils à pasteuriser). *47. Beretn. f. d. k. Vet.- & Landbohöjsk.* **1900**
Laborat. f. landökon. Forsög, Kjobenhavn, 1900, A. Bang, 60 p. 8º

925. VIETH (P.). — Fütterungsversuch mit Palmkernschrot. *Milchzeitung*, xxix, Leipzig, 1900; 294.

926. VIETH (P.). — Bericht über die Thätigkeit des milchwirtschaftlichen Institutes Hameln, Institut der Landwirtschaftskammer für die Provinz Hannover, im Jahre 1899. *Hameln*, 1900, C. W. Niemeyer, 34 p. 8º.

927. VIETH (P.). — Versuche mit dem Alfa-Baby-Separator. *Milchzeitung*, xxix, Leipzig, 1900; 129.

928. VUYST (P. DE) & WAUTERS (P.). — Les progrès de l'industrie laitière en Belgique. I. Les origines. II. L'essor. III. L'état actuel. L'orientation. *Ind. lait.*, xxv, Paris, 1900; 389.

929. WEIGMANN (H.). — Jahres-Bericht der Versuchsstation und Lehranstalt für Molkereiwesen der Landwirthschaftskammer für die Provinz Schleswig-Holstein in Kiel über das Jahr 1898/99. *Kiel*, 1900, Druck v. Vollbehr & Riepen, 27 p. 8º. — *Milchzeitung*, xxix, Leipzig, 1900; 468.

930. WEIGMANN (H.). — Fortschritte der Wissenschaft und Technik auf dem Gebiete der Erzeugung und Verarbeitung der Milch. *Chem.-Ztg.*, xxiv, Cöthen, 1900; 1035, 1051.

931. WHITAKER (G.-M.). — Ninth Annual Report of the Dairy Bureau of the Massachusetts Board of Agriculture. January 15, 1900. *47. Ann. Rep. Massachusetts St. Bd. Agricult.*, (1899). Boston, 1900; 389-415.

932. WIMEUX (P.). — La vente du lait dans le département de l'Oise. *J. d'agricult. prat.*, I, Paris, 1900; 682-686.

933. WINBERG (H.-I..-O.). — Fütterungsversuche mit Bend-Or-Kuchen an Milchkühe zu Alnarp. (Uebersetz.) *Milchzeitung*, xxix, Leipzig, 1900; 260-262. — *Centralbl. f. Agrikulturchem.*, xxix, Leipzig, 1900; 527-529.

934. X... — Die Pasteurisierapparate. *Milchzeitung*, xxix, Leipzig, 1900; 33.

935. X... — Le commerce du lait. *Ind. lait.*, xxv, Paris, 1900; 130.

936. X... — Vente du lait en Amérique. *Ann. d'hyg.*, 3º s., xliii, Paris, 1900; 183.

937. X... — The Annual Museum. II. Foods and food products : Milk. *Lancet*, II, London, 1900; 453.

938. X... — Imported dairy produce. *J. Roy. Agr. Soc. England*, 3. s., xi, London, 1900; 537-546.

939. X... — Die Handhabung des Pasteurisierungsgesetzes in Dänemark während des Finanzjahres 1899-1900. *Milchzeitung*, xxix, Leipzig, 1900; 790.

940. X... — Die Galaktase und ihre Bedeutung für den praktischen Meiereibetrieb. *Milchzeitung*, xxix, Leipzig, 1900; 615.

DEUXIÈME PARTIE

ALLAITEMENT

XV. — LACTATION

941. Littré (É.). — Œuvres complètes d'Hippocrate. Traduction nouvelle avec le **1861** texte grec en regard. *Paris*, 1861, J.-B. Baillière & fils, 10 vol. 4°. (Lait considéré chez la femme grosse ou qui nourrit : ii; 41. — iv; 545, 551. — v; 119, 137. — vii; 411, 511, 537, 601. — viii; 103, 155. — ix; 111.)

942. Playfair (W.-S.). — Management of the infant, lactation, etc. *In* : A treatise **1876** on the science and practice of midwifery, ii, *London*, 1876 ; 254-273.

943. Cuffer. — Hémiplégie gauche avec aphasie chez une femme gauchère et récem- **1880** ment accouchée, troubles de la sécrétion lactée : suppression de cette sécrétion dans le sein droit, exagération de la sécrétion lactée dans le sein gauche. *France méd.*, xxvii, Paris, 1880; 217.

944. Durand (M.). — Notes sur quelques troubles réflexes observés pendant l'allaitement. *J. de méd. de Bordeaux*, x, 1880-81 ; 438, 451, 461. — *Mém. & bull. Soc. de méd. & chir. de Bordeaux* (1881), 1882 ; 172-236.

945. Dufrèche. — Essai sur les appareils mammaire et de la gestation dans leurs **1896** relations. *Paris*, 1896, H. Jouve, 122 p. 8°. (*Thèse.*)

946. Bidault (A.). — Étude sur la galactorrhée. *Paris*, 1899, Impr. A. Malverge, **1899** 78 p. 8°. (*Thèse.*)

947. Flandrin. — Rétention placentaire et sécrétion lactée. *Dauphiné méd.*, xxiii, Grenoble, 1899 ; 271-274.

948. Hénaut (C.-E.-A.). — Rétablissement de la sécrétion lactée par l'électrisation. *Lille*, 1899, Impr. H. Morel, 53 p. 8°. (*Thèse.*)

949. Blacker (G.-F.). — Some statistics on lactation. *Med. Chron.*, 3ᵉ s., ii, Man- **1900** chester, 1900; 323-332.

950. Budin (P.). — Quelques considérations sur la sécrétion lactée chez les femmes ; établissement tardif; abondance et rétablissement de la sécrétion lactée. *Obstétrique*, v, Paris, 1900; 481-493.

951. Bunge. — De l'impuissance croissante des femmes d'allaiter leurs enfants. *Paris*, 1900, Fischbacher, broch. 8°.

1900 952. BUNGE (O. VON). — Die zunehmende Unfähigkeit der Frauen ihre Kinder zu stillen. Die Ursachen dieser Unfähigkeit, die Mittel zur Verhütung. *München*, 1900, E. Reinhardt, 32 p. 8°.

953. DEMELIN & GADAUD. — Un cas de galactophorite. *Bull. Soc. d'obst. de Paris*, 1900; 161-167.

954. HOUSELOT (G.). — De la thérapeutique chez les nourrices dans ses rapports avec la sécrétion lactée. *Paris*, 1900, G. Carré & C. Naud, 82 p. 8°. (*Thèse.*)

955. LARRABEE (F.-W.). — Purulent galactophoritis. *J. Med. & Sc.*, VI, Portland, 1900; 269.

956. MAYGRIER. — Lymphangite et galactophorite. *Indépend. Méd.*, VI, Paris, 1900; 121.

XVI. — ALLAITEMENT EN GÉNÉRAL

1476 957. METLINGER (BARTH.). — Ein Regiment der jungen Kinder. *Augspurg*, (1476), Johanne Bämler, 25 ff. fol.

1530 958. ALBERTUS MAGNUS. — Der Weiber natürliche heymlicheyten und zugehör. Kinds-Pflegung. Von Rath und sorg, so man bei Seuglingen und gar jungen Kindlin haben sal. Mit underweisung der zufal so den selbigen offt zustendig ist durch Barthol. Metlinger. (*Strassburg*, 1530 ?) 48 ff. 4°.

1562 959. RŒSSLIN (E.). — Hebämmenbüchlin. Von der menschen empfengnus und geburt und der schwangern frawen allerhand zufelligen gebrechen, und derselben Cur und wartung. Item von der jungen kindlin pflege, aufferziehung etc. (*Frankfurt*), 1562, 16°.

1577 960. OMNIBONUS (F.). — De arte medica infantium, libri quatuor. Quorum duo priores de tuenda eorum sanitate, posteriores de curandis morbis agunt. *Brixiæ*, (1577), Franciscum & Pet. Mariam fratres, de Marchettis, XII-196 p. 8°.

1795 961. YBERTI (J.). — (Méthode artificielle de nourrir les nouveau-nés et de leur donner une bonne éducation.) *Madrid*, 1795, 8°.

1805 962. GARCIA (SANTIAGO). — (Conseils sur l'éducation physique des enfants-trouvés; ouvrage intéressant pour toutes les mères qui veulent conserver leurs enfants.) *Madrid*, 1805, 8°.

1857 963. LÉVY (M.). — Traité d'hygiène publique et privée. *Paris*, [(3e éd.) 1857, J.-B. Baillière, 2 vol. 8°. (Allaitement : 1; 358-368.)

1860 964. LONGET (F.-A.). — De l'allaitement. *In* : Traité de physiologie. (2e éd.) *Paris*, II, 1860 ; 914-919.

1861 965. ARAVACA Y TORRENT (V.). — Sobre el modo mejor de lactar á los niños de las inclusas. *Siglo méd.*, VIII, Madrid, 1861 ; 547, 594, 627.

1864 966. BOUCHAUD. — De la mort par inanition et études sur la nutrition chez les nouveau-nés. *Versailles*, 1864, 8°.

967. SLUYS (P.-J.-A.). — Voordeelen der Japaansche zuigelingsverpleging. *Nederl.* **1877** *Tijdschr. v. Geneesk.*, 2. R., XIII, Amsterdam, 1877; 281-290.

968. SIMON (J.). — Conférences thérapeutiques et cliniques sur les maladies des **1880** enfants. (Douzième conférence : De l'allaitement des nouveau-nés.) *Paris*, 1880, Progrès médical, Delahaye & E. Lecrosnier, 2 vol. 8º.

969. BOUCHUT (E.). — Hygiène de la première enfance. Guide des mères pour l'al- **1885** laitement, le sevrage et le choix de la nourrice. (8ᵉ éd.) *Paris*, 1885, J.-B. Baillière & fils, 460 p. 18º. (52 fig.)

970. TARNIER (S.) & CHANTREUIL (G.). — De l'alimentation pendant la première **1888** enfance. *In* : Traité de l'art des accouchements, I, Paris, 1888; 848-919.

971. TARNIER (S.), CHANTREUIL (G.) & BUDIN (P.). — Allaitement et hygiène des enfants nouveau-nés. (2ᵉ éd.) *Paris*, 1888, G. Steinheil, 286 p. 12º.

972. POMMAGEOT. — L'hygiène des petits enfants. *Paris*, 1891, J.-B. Baillière, **1891** 58 p. 16º.

973. BOISSARD (A.) & BARBÉZIEUX (G.). — Mères et nourrissons. Avec une préface **1892** de M. Jules Simon. *Paris*, 1892, G. Steinheil, 263 p. 12º.

974. PLATEAU (J.). — De la préparation au sevrage; nourriture complémentaire de l'enfant pendant l'allaitement. *Ann. de la Policlin. de Paris*, II, 1892; 210-235.

975. ROUVIER (J.). — Précis d'hygiène de la première enfance. *Paris*, 1893, J.-B. **1893** Baillière, 500 p. 18º. (fig.)

976. VIOLI (J.-B.). — L'allaitement maternel et artificiel. Du lait cru pastorisé ou stérilisé employé comme nourriture des enfants. *Constantinople*, 1893, Impr. A. Christidis, 16 p. 12º.

977. AUVARD (A.). — Traité pratique d'accouchements. (Troisième section : Post **1894** partum. III. Allaitement.) *Paris*, (3ᵉ éd.) 1894, O. Doin, 826 p. 8º. (558 fig.)

978. ERŒSS (J.). — Die Sterblichkeitsverhältnisse der Neugeborenen und Säuglinge. **1895** *Ztschr. f. Hyg.*, XIX, Leipzig, 1895; 371.

979. FEIGE (E.). — Ueber die Todesursachen der Säuglinge bis zum 6. Lebensmonat **1896** incl. nach den Protocollen des pathologischen Instituts zu Kiel aus dem Jahre 1886-95. *Kiel*, 1896, Peters, 19 p. 8º. (*Inaug.-Diss.*)

980. FOURNIER (C.). — Nouvelles accouchées et nouveau-nés. *Paris*, 1896, J.-B. Baillière et fils, 18º. (fig.)

981. RIBEMONT-DESSAIGNES (A.) & LEPAGE (G.). — Précis d'obstétrique. (Cinquième partie. Des soins à donner au nouveau-né. De l'allaitement.) *Paris*, 1896, G. Masson, 1293 p. 8º. (548 fig.)

982. CAUTLEY (E.). — The natural and artificial methods of feeding infants and **1897** young children. *London*, 1897, J. & A. Churchill, 376 p. 12º.

983. COMBY (J.). — Physiologie et hygiène de l'enfance. II. Hygiène de l'enfant. 1. Allaitement naturel. A. Allaitement maternel. B. Allaitement mercenaire. 2. Allaitement mixte. 3. Allaitement artificiel. *In* : Traité des maladies de l'enfance, publié sous la direction de J. Grancher, J. Comby & A.-B. Marfan, *Paris*, 1897-98, Masson & Cie., 5 vol. 8º. (1; 16-75.)

984. GILLET (H.). — Formulaire des régimes alimentaires. *Paris*, 1897, J.-B. Baillière & fils, 316 p. 18º.

1897 985. Pozzi (A.). — Manuel théorique et pratique des accouchements. (Livre X. De l'enfant. Allaitement, etc.) *Paris*, 1897, F. Alcan, 474 p. 12°. (138 fig.)

986. Rochard (J.). — Traité d'hygiène publique et privée. (Chap. VI. Enfance, éducation. § II. Allaitement). *Paris*, 1897, O. Doin, 982 p. 8°. (117 fig.)

987. Weiss (A.). — La femme, la mère, l'enfant. Guide à l'usage des jeunes mères. *Paris*, 1897, A. Maloine, 167. 12°.

1898 988. Ausset (E.). — Leçons cliniques sur les maladies des enfants. (II⁰ leçon. De l'alimentation des enfants. Notions d'hygiène infantile.) *Paris*, 1898, A. Maloine, 291 p. 8°.

989. Concetti (L.). — L'insegnamento della pediatria in Roma. Secondo rendiconto statistico-clinico (bienno 1896-97 e 1897-98). *Roma*, 1898, Typ. frat. Centenari, 304 p. 8°. (24 fig.)

990. Gillet (H.). — Formulaire d'hygiène infantile individuelle. *Paris*, 1898, J.-B. Baillière & fils, 300 p. 18°. (fig.)

991. Kœrœsy (J. vón). — Die Sterblichkeit der Haupt-und Residenzstadt Budapest in den Jahren 1886-90 und deren Ursachen. XIII. Abschnitt : Einfluss der Pflege und Ernährungsweise auf die Kindersterblichkeit. *Berlin*, 1898, Puttkammer & Mühlbrecht, X-207 p. 4°.

992. Laumonier (J.). — Nouvelles expériences sur l'alimentation des jeunes animaux avec le lait de vache frais et fermenté. *J. de clin. & thérap. inf.*, VI, Paris, 1898 ; 841.

993. Mercier (Ch.). — Les Petits-Paris. Étude critique et conseils pratiques sur l'hygiène infantile. Deuxième édition... augmentée d'une étude chimique du lait par J. Winter. *Paris*, 1898, G. Steinheil, 255 p. 12°.

994. Mérigot de Treigny. — Des dangers de la surcharge alimentaire pendant l'allaitement. *J. d. praticiens*, XII, Paris, 1898 ; 577-580.

995. Thomson (J.). — Guide to the clinical examination and treatment of sick children. *Edinburgh*, 1898, W. F. Clay, XVI-336 p. (52 illustr.)

996. Witkowski (G.-J.). — Curiosités médicales, littéraires et artistiques sur les seins et l'allaitement. *Paris*, 1898, A. Maloine, 352 p. 8°. (18 fig.)

997. Witkowski (G.-J.). — Anecdotes historiques et religieuses sur les seins et l'allaitement, comprenant l'histoire du décolletage et du corset. *Paris*, 1898, A. Maloine, 391 p. 8ᵉ. (210 fig.)

998. Wolf (H.) & Friedjung (J.). — Zur Würdigung der Magenverdauung im Säuglingsalter. *Arch. f. Kinderh.*, XV, Stuttgart, 1898 ; 161-170.

1899 999. Benninghoven (M.) & Ludwig (E.). — Das Buch der jungen Mutter. *Stuttgart*, 1899, Schwabacher, VII-269 p. 8°.

1000. Hacks. — Ville de Fécamp. Dispensaire municipal gratuit pour enfants malades. Première année 1898-99. Compte rendu présenté au Conseil d'administration par le docteur... *Fécamp*, 1899, Impr. du *Mémorial Cauchois*, 39 p. 8°.

1001. Lugenbühl. — Neuere Arbeiten anf dem Gebiete der Säuglingsernährung. *Ztschr. f. prakt. Aerzte*, VIII, Leipzig, 1899 ; 585.

1002. Neumann (H.). — Die Ernährung der Berliner Säuglinge. *Deut. med. Woch.*, XXV, Berlin & Leipzig, 1899 ; 151.

1003. Strauss (P.). — La protection et l'assistance des mères et des nourrissons. *Rev. philanthrop.*, VI, Paris, 1899-1900 ; 129-144.

1004. Symes (L.). — The feeding of infants. *Dublin*, 1899, Fannin & Co., 40 p. 8°. **1899**

1005. Baginsky (A.). — Säuglings-Ernährung und Säuglings-Krankheiten. *Berlin.* **1900**
klin. Woch., xxxvii, 1900; 357-365.

1006. Barthès (E.). — Protection des enfants du premier âge en Eure-et-Loir pendant l'année 1899. *Rev. philanthrop.*, vi, Paris, 1900; 696-710.

1007. Beaucamp (E.). — Rathgeber für junge Frauen und Mütter. *Berlin*, 1900, Hoffmann, xi-149 p. 8°.

1008. Bendix (B.). — Säuglingsernährung. *Berlin. Klinik*, 1900, Hft. 141, 34 p. 8°. — *Heilkunde*, iv, Wien, 1900; 462-466. — *Deut. Aerzte-Ztg.*, i, Berlin, 1900; 122, 151.

1009. Bézy. — La protection de l'enfant à Toulouse. *Compt. rend. Cong. d. Soc. savantes de Paris & des départements*, Toulouse, 1900; 111-117.

1010. Biedert (Ph.). — Die Kinderernährung im Säuglingsalter und die Pflege von Mutter und Kind. (4. ganz neu bearb. Aufl.) *Stuttgart*, 1900, F. Enke, 263 p. 8°. (1 Taf.)

1011. Blache. — Hygiène et protection de la première enfance. (Rapport.) *Rec. d. trav. du Cong. internat. d'assist. pub. & de bienfaisance privée, Paris*, iii, Paris, 1900; 1-22.

1012. Boorse (L.). — Infant feeding. (Abstr.) *J. Am. Med. Ass.*, xxxv, Chicago, 1900.

1013. Budin (P.). — De la puériculture après la naissance. *Obstétrique*, v, Paris, 1900; 385-398. (8 fig.) — *Rev. philanthrop.*, vii, Paris, 1900; 537-551.

1014. Budin (P.). — Le nourrisson. Alimentation et hygiène. Enfants débiles. Enfants nés à terme. *Paris*, 1900, O. Doin, xii-394 p. 4°. (128 fig. & graph.)

1015. Celli (F.). — Gli istituti dei bambini lattanti e i diversi modi di allattamento in riguardo all'igiene infantile. *In* : Atti d. 1. Cong. naz. p. l'ig. d. allatt. mercenario, *Milano*, Cogliati, 1900; 211-114.

1016. Charles (N.). — L'allaitement des nouveau-nés. *J. d'accouch.*, xxi, Liège, 1900; 100, 163. — *J. de méd. de Paris*, 2e s., xi, 1900; 234.

1017. Conrads (H.). — Bericht über die Verhandlungen der Abtheilung für Kinderheilkunde auf der 72. Versammlung deutscher Naturforscher und Aerzte in Aachen vom 17-21 September 1900. *Arch. f. Kinderh.*, xxx, Stuttgart, 1900; 382-406.

1018. Corradini-Rovatti (G.). — Allattamento del bambino. *Gazz. med. lomb.*, lix, Milano, 1900; 13, 26.

1019. Cramer (H.). — Ueber die Nahrungsaufnahme des Neugeborenen. *Deut. med. Woch.*, xxvi, Berlin & Leipzig, 1900; 32.

1020. Cramer (H.). — Zur Mechanik und Physiologie der Nahrungsaufnahme des Neugeborenen. *Samml. klin. Vortr.*, n. F., N. 263, Leipzig, 1900; 1683-1706.

1021. Cratunesco (M.-C.) — Les crèches en Roumanie. *Rec. d. trav. du Cong. internat. d'assist. pub. & de bienfaisance privée, Paris*, iii, Paris, 1900; 67-77.

1022. Droixhe (N.). — Alimentation vicieuse des enfants. *Médecin*, x, 1900; 65.

1023. Dueñas (J.-L.). — La alimentación de los niños. Conferencia pronunciada en la Escuela de enfermeras. *Cron. med.-quir. de la Habana*, xxvi, 1900; 179, 201, 219, 241, 258, 277, 299, 318, 340, 359.

1024. Espine (A. d') & Picot (C.). — Traité pratique des maladies de l'enfance. (6e éd.) *Paris*, 1900, J.-B. Baillière & fils, 996 p. 8°.

1900

1025. FEER (E.). — Neuere Fortschritte und Bestrebungen in der Säuglingsernährung. *Cor.-Bl. f. schweiz. Aerzte*, XXX, Basel, 1900; 290-302. — *Med.-chir. Centralbl.*, XXXV, Wien, 1900; 297, 314.

1026. FLACHS (R.). — Die Pflege des Kindes im ersten Lebensjahre. *Dresden*, 1900, Böhmert, 62 p. 8°.

1027. FLANDRIN. — Note sur l'alimentation des prématurés. *Dauphiné méd.*, XXIV, Grenoble, 1900; 49-57. (3 tracés.)

1028. FONTAINE (A.). — Sur l'allaitement et l'alimentation artificielle des nouveau-nés dans les principales espèces domestiques (Essai de comparaison avec l'allaitement de l'enfant). *Bordeaux*, 1900, G. Gounouilhou, 47 p. 8°. (*Thèse.*)

1029. FRIEDMANN. — Die Pflege und Ernährung des Säuglings. Ein Ratgeber für Mütter und Pflegerinnen. *Wiesbaden*, 1900, J.-F. Bergmann, XI-84 p. 12°.

1030. FÜRST (L.). — Kinderheilkunde. Lexikon der Kinderheilkunde und Kindererziehung. Teil I. *Berlin*, 1900, Schild, 656 p. 8°.

1031. GALLOIS (P.). — Vœux émis par les médecins inspecteurs de la Société protectrice de l'enfance de Paris. *Rec. d. trav. du Cong. internat. d'assist. pub. & de bienfaisance privée, Paris*, III, Paris, 1900; 45.

1032. GELLI (G.). — Della necessità di istruvie convenientemente nei bretotrofi le levatrici nel allattamento normale, misto e artificiale. *In* : Atti d. 1. Cong. naz. p. l'ig. d. allatt. mercenario. *Milano*, Cogliati, 1900; 207-210.

1033. GRAETZER (E.). — Vademecum für die Kinderpraxis. *Leipzig*, 1900, J.-A. Barth, 388 p. 8°

1034. GROSSE (F.). — Altes und Neues über die Pflege gesunder und kranker Kinder in den zwei ersten Lebensjahren. *Hygieia*, XIII, Stuttgart, 1900, 161-176.

1035. HEIM-VŒGTLIN (M.). — Die Pflege des Kindes im ersten Lebensjahre. 10 Briefe an eine junge Freundin. (2. Aufl.) *Leipzig*, 1900, Gerhard, 63 p. 8°.

1036. HELLSTRŒM (F.-E.). — Sur les échanges nutritifs azotés chez le nouveau-né. *Bull. Soc. d'obst. de Paris*, 1900; 301-322.

1037. JACOBI (A.). — Festschrift in honor of Abraham Jacobi. *New York*, 1900, Knickerbocker, 496 p. 8°.

1038. JACOWSKI (R.). — Essai statistique sur l'influence de l'altitude au point de vue de l'accroissement en poids et des affections gastro-intestinales des enfants du premier âge. *Paris*, 1900, L. Boyer, 46 p. 8°. (*Thèse.*)

1039. KELLER (A.). — Ueber Nahrungspausen bei der Säuglingsernährung. *Centralbl. f. inn. Med.*, XXI, Leipzig, 1900; 393-398.

1040. KINNE (H.-S.). — — Some practical points in infant feeding. *Internat. M. Mag.*, IX, New York, 1900; 108-111.

1041. KNOX (R.-W.). — Infant feeding. *Texas M. News*, IX, Austin, 1900; 329-332.

1042. LÉGIER (G.). — Contribution à l'étude de la mortalité infantile. Les lois actuelles ne protègent pas toujours suffisamment l'enfant en bas âge. *Paris*, 1900, L. Boyer, 49 p. 8°. (*Thèse.*)

1043. LEGRAND (H.). — La diète hydrique chez les nourrissons. Ses indications. *Gaz. méd. de Picardie*, XVIII, Amiens, 1900; 208-212.

1044. LULING (A.-A.-F.). — Mortalité des nourrissons en rapport avec la modalité

de leur alimentation. Travail statistique de la clinique Baudelocque. *Paris*, 1900, **1900**
G. Steinheil, 86 p. 8°. (*Thèse.*)

1045. Mc ALISTER (A.). — Infant feeding (and discussion). *J. Am. M. Assoc.*, xxxv, Chicago, 1900; 209, 212-214.

1046. MARFAN (A.-B.). — La suralimentation par le lait et l'ablactation prématurée comme causes de troubles digestifs. *Arch. de méd. d. enf.*, iii, Paris, 1900; 385-401.

1047. MASSALONGO (R.). — Dei lacterium. *In* : Atti d. 1. Cong. naz. p. l'ig. d. allatt. mercenario, *Milano*, Cogliati, 1900; 191-194.

1048. MASSINI (V.). — Modalità d'allattamento. *In* : Atti d. 1. Cong. naz. p. l'ig. d. allatt. mercenario, *Milano*, Cogliati, 1900; 96-107.

1049. MUGGIA (A.). — L'alimentazione del bambino. *Pediatria*, viii, Napoli, 1900; 113-117.

1050. NORTHRUP (W.-P.). — Exact infant-feeding : accidents and incidents (and discussion). *J. Am. M. Assoc.*, xxxv, Chicago, 1900; 210-212.

1051. OPPENHEIM (N.). — The medical diseases of childhood. (Chapter vi : Feeding.) *New York*, 1900, Macmillan Co., xx-653 p. 8°. (101 illustr. & 90 charts.)

1052. PETIT (G.). — Comment on défend ses enfants. La lutte contre leurs maladies. *Paris*, 1900, Soc. d'éd. scient., 60 p. 12°.

1053. PLANCHON (P.). — Résultats obtenus à la consultation des nourrissons de la Clinique Tarnier pendant les mois de juin, juillet, août et septembre 1899, service de M. le professeur Budin. *Obstétrique*, v, Paris, 1900; 35.

1054. PLANCHON (P.). — Troubles survenus chez des nourrissons après leur sortie de l'hôpital; moyens employés pour les combattre. *Obstétrique*, v, Paris, 1900; 289-310.

1055. PRITCHARD (E.). — The physiological feeding of infants. *London*, 1900, Scient. Press, 39 p. 8°. (1 tab.)

1056. PROMPT. — De l'hygiène des enfants du premier âge. *Rev. d'hyg.*, xxii, Paris, 1900; 159-166.

1057. PROST (Mlle). — Ophtalmie, otorrhée et tourniole chez un même enfant à la suite d'abcès du sein chez sa mère. *J. d. sages-femmes*, xxviii, Paris, 1900; 99.

1058. ROTHSCHILD (H. DE). — Congrès international d'assistance publique et de bienfaisance privée. 1re section, 1re question. I. Causes de la mortalité infantile. Gastro-entérite aiguë et dyspepsie chronique. II. Alimentation des enfants du premier âge. Allaitement au sein. Allaitement mixte. Allaitement artificiel. Rapport présenté par le Dr..... *Paris*, 1900, Impr. Lahure, 12 p. 4°.

1059. SANTINI DE RIOLS. — L'allaitement par les hommes. *J. de méd. de Paris*, 2e s., xi, 1900; 101. — *Méd. moderne*, xi, Paris, 1900; 23.

1060. SHAW (A.-E.). — Rational care of babies. *Memphis M. Month.*, xx, 1900; 25.

1061. SOLARES (F.-V.). — Consejos à las madres; aforismos sobre la higiene de la primera infancia. *Arch. de gynec., obstet. & pediat.*, xiii, Barcelona, 1900; 221-226.

1062. SPIEGELBERG (J.-H.). — Zur Neugeborenenpflege vor 200 Jahren. *Kinderarzt*, xi, Leipzig, 1900; 97-99.

1063. TAUSSIG (S.). — Ernährung und Pflege des Kindes bis zum Ende des 2. Lebensjahres, sowie die Verhütung seiner Erkrankungen. *Wien*, 1900, Braumüller, viii-156 p. 12°.

1900

1064. TEMESVÁRY (R.). — Volksbräuche und Aberglauben in der Geburtshilfe und der Pflege der Neugebornen in Ungarn. Ethnographische Studien. (VII. Säugegeschäft.) *Leipzig*, 1900, Th. Grieben, VIII-148 p. 8°. (16 Abbild.) — *Pest. med.-chir. Presse*, XXXVI, 1900 ; 439-442.

1065. THEODOR (F.). — Praktische Winke zur Ernährung und Pflege der Kinder in gesunden und kranken Tagen. *Berlin*, 1900, Steinitz, 8°.

1066. THIERBACH (P.). — Die Ernährung des Säuglings. *Allg. deut. Hebam.-Ztg.*, XV, Berlin, 1900 ; 187-190.

1067. TRUMPP (J.). — Gesundheitspflege im Kindesalter. *Stuttgart*, 1900, Moritz, 119 p. 8°. (5 Abbild.)

1068. ULMANN (G.). — Étude de la nutrition chez le nourrisson. *Paris*, 1900, J.-B. Baillière & fils, 128 p. 8°. (*Thèse.*) — *Centralbl. f. Gynäk.*, XXIV, Leipzig, 1900 ; 833. — *Obstétrique*, V, Paris, 1900 ; 366.

1069. VALLOIS (L.). — Alimentation du nouveau-né. Du lait. Des trois modes d'allaitement : naturel (maternel ou mercenaire), artificiel et mixte. *In* : Le nouveau né. Guide pratique pour les soins à lui donner. *Montpellier & Paris*, 1900, Coulet & fils, Masson & Cie., 168 p. 12°. (p. 79-118.)

1070. VALVASSORI-PERONI (C.) & FERRIANI (L.). — Come devo allevare e curare il mio bambino? Con introduzione di Lino Ferriani sopra « L'educazione morale del bambino ». *Milano*, 1900, U. Hœpli, XV-431 p. 12°. (19 incis.)

1071. VIDAL-SOLARES (F.). — Ueberblick der alt-spanischen Werke über die Ernährung von Säuglingen. *Arch. f. Kinderh.*, XXVIII, Stuttgart, 1900 ; 410-414.

1072. VORLET (L.). — Conseils aux mères de famille pour les soins à donner à la première enfance. *Payerne*, 1900, A. Itten, XX-308 p. 8°.

1073. WEILL (E.). — Précis de médecine infantile. *Paris*, 1900, O. Doin, 690 p. 12°. (77 fig.)

1074. WERNER (E.). — Pflege und Ernährung des Kindes im 1. und 2. Lebensjahre. *Berlin*, 1900, Habel, VIII-93 p. 8°.

1075. X... — Sur le mode d'allaitement chez les différents peuples. *J. d'hyg.*, XXV, Paris, 1900 ; 11.

XVII. — ALLAITEMENT NATUREL

1629

1076. GUTIERREZ DE GODOY (J.). — Tres discursos para provar que estan obligadas á criar sus hijos á sus pechos todas las madres quando tienen buena salud, etc. *Jaen*, 1629, 4°.

1698

1077. SAINTE-MARTHE (A. DE). — La manière de nourrir les enfants à la mamelle. Traduction d'un poëme latin de Scévole de Sainte-Marthe (Scævolæ Sammarthani pædotrophiæ... ad Henricum Galliæ et Poloniæ regem). *Paris*, 1698, G. de Luyne, C. Barbin & L. d'Houry, XXIV-135 p. 12°.

1078. Hecquet (?).— De l'indécence aux hommes d'accoucher les femmes, et de l'obli- **1708**
gation aux femmes de nourrir leurs enfants. Pour montrer par les raisons de physique,
de morale et de médecine, que les mères n'exposeraient ni leur vie, ni celle de leurs
enfants, en se passant ordinairement d'accoucheurs et de nourrices. *Trévoux*, 1708, à
Paris chez J. Étienne, XVIII-94 & XIV-145 p. 16°.

1079. Damaschino. — Note sur la tuberculose des enfants à la mamelle. *Bull. & mém.* **1886**
Soc. méd. d. hôp. de Paris, 3° s., III, 1886 ; 193-197.

1080. Engelne (N.-F.). — (De la fréquence de la tuberculose chez les enfants au **1892**
sein). *St. Pétersbourg*, 1892, A. Muchink, 43 p. 8°. (1 pl.) (*Thèse.*)

1081. Miele (A.). — Le droit de l'enfant à sa mère. *Gand*, 1897, G. Verhé-Miele, **1897**
18 p. 8°.

1082. Chineau (Mme). — Des difficultés contribuant à empêcher l'allaitement mater- **1898**
nel et des moyens d'y remédier. *J. des praticiens*, XII, Paris, 1898 ; 580-582.

1083. Chineau (Mme). — Des causes entravant l'allaitement maternel. *J. des prati-*
ciens, XII, Paris, 1898 ; 615-617.

1084. Alexandrescu. — (Contribution à l'étude des affections gastro-intestinales chez **1899**
les nourrissons au sein.) *Bucarest*, 1899, 8°. (*Thèse.*)

1085. Courmont (P.) & Cade. — Transmission de la substance agglutinante du
bacille d'Eberth par l'allaitement. *Compt. rend. Soc. de biol.*, LI, Paris, 1899 ; 619-621.
— *Lyon méd.*, XCII, 1899 ; 5-10.

1086. Szalárdy (M.). — Ueber Ernährung von mit Luës hereditaria behafteten Säuglingen. *Pest. med.-chir. Presse*, XXXV, Budapest, 1899 ; 913-918.

1087. Blauberg (M.). — Ueber den Mineralstoffwechsel beim natürlich ernährten **1900**
Säugling. *Ztschr. f. Biol.*, n. F., XXII, München & Leipzig, 1900 ; 36-53. (19 Taf.)

1088. Bruch (A.). — Allaitement maternel ou naturel. Allaitement mixte et artificiel. *Bull. hôp. civ. franç. de Tunis*, III, 1900 ; 181-193.

1089. Bruch (A.). — Allaitement mercenaire. *Bull. hôp. civ. franç. de Tunis*, III,
1900 ; 147-150.

1090. Burzagli (G.-B.). — L'allattamento materno male regolato come momento
etiologico di alcune malattie dell'infanzia e dell'età matura. *Suppl. al Policlin.*, VI,
Roma, 1900 ; 1295-1298.

1091. Colombo (I..). — La nutrizione del bambino. Allattamento naturale ed artificiale. *Milano*, 1900, U. Hœpli, XIX-227 p. 12°. (12 ill.)

1092. Colombo (V.). — L'allattamento mercenario e la salute del bambino. Atti del
primo Congresso nazionale per l'igiene dell'allattamento mercenario, indetto dalla pia
istituzione Provvidenza baliatica, tenuto in Milano nei giorni 8-10 aprile 1899, compi-
lati dal prof. Virgilio Colombo. *Milano*, 1900, L.-F. Cogliati, 294 p. 8°. (4 tav.)

1093. Coly (J.-C.-Y.). — Necesidad de la lactancia materna. *Rev. balear. d. cien. méd.*,
XVIII, Palma de Mallorca, 1900 ; 313-325.

1094. Combe-Laboissière. — Le lait d'une nourrice atteinte de diphtérie est-il
toxique ? (Anal.) *Bull. méd.*, XIV, Paris, 1900 ; 1335.

1095. Commandeur. — Allaitement par les mères albuminuriques. (Anal.) *Gaz. hebd.*
de méd. & chir., XLVII, Paris, 1900 ; 1112.

1096. Ducournau (F.). — Des moyens de combattre la dépopulation par la diminu-

1900 tion de la mortalité infantile et principalement en favorisant l'allaitement maternel. *Paris*, 1900, J. Rousset, 108 p. 8°. — *Obstétrique*, v, Paris, 1900 ; 557.

1097. Entz (Mlle). — Consultations de nourrissons. Allaitement au sein et allaitement artificiel. *Paris*, 1900, G. Carré & C. Naud, 59 p. 8°. (*Thèse.*)

1098. Gallien (L.). — Sur l'analyse du lait. *J. de pharm. & chim.*, 6e s., xi, Paris, 1900 ; 61-64.

1099. Hirth (G.). — Ideen zu einer Enquête über die Unersetzlichkeit der Mutterbrust. *München*, 1900, Hirth, vii-64 p. 8°.

1100. Perret. — Établissement tardif de la sécrétion lactée. Les enfants débiles doivent être allaités par leur mère. *Bull. Soc. d'obst. de Paris*, 1900 ; 421-428.

1101. Poux. — L'allaitement chez les femmes enceintes. *Arch. méd. de Toulouse*, vi, 1900 ; 97-101.

1102. Schlossmann (A.). — Zur Frage der natürlichen Säuglingsernährung. Beobachtungen und Untersuchungen. *Arch. f. Kinderh.*, xxx, Stuttgart, 1900 ; 288-382.

1103. Ustinow. — Die Mortalität der Säuglinge in Verbindung mit unzureichender Ammenmilch nach den Daten des Moskauer Findelhauses für 1887-1897. (Ref.) *Arch. f. Kinderh.*, xxviii, Stuttgart, 1900 ; 414.

1104. Variot (G.). — L'allaitement maternel. *Hyg. usuelle*, vi, Paris, 1900 ; 27, 43.

1105. Worcester (A.). — Breast-feeding. *Boston M. & S. J.*, cxliii, 1900 ; 361-363.

XVIII. — ALLAITEMENT ARTIFICIEL

1825 1106. Dewees (W.-P.). — A treatise on the physical and medical treatment of children. *Philadelphia*, 1825, 8°. — *Tr. Am. Pediat. Soc.*, ix, 1897 ; 13-16.

1857 1107. Routh. — On the mortality of infants in foundling institutions, and generally as influenced by the absence of breast milk. *Lancet*, ii, London, 1857 ; 420.

1860 1108. Wetherill (C.-M.). — Artificial lactation. *Tr. Indiana M. Soc.*, Indianapolis, 1860 ; 24-29.

1870 1109. Decaisne (E.). — L'alimentation des petits enfants et le lait pendant le siége de Paris. *Compt. rend. Acad. d. sc.*, lxxi, Paris, 1870 ; 527.

1878 1110. Arcy (H. d'). — Les tours ; l'allaitement artificiel. *Abeille méd.*, xxxv, Paris, 1878 ; 241, 265, 273, 290, 305, 329, 337.

1879 1111. Boudard (A.). — Guide pratique de la chèvre nourrice, au point de vue de l'allaitement des nouveau-nés et de la syphilis constitutionnelle. *Paris*, 1879, J.-B. Baillière & fils, 104 p. 8°.

1880 1112. Musatti (C.). — Il solfito di soda nell'allattamento artificiale e nei catarri intestinali dei bambini. *Gazz. med. ital., prov. venete*, xxiii, Padova, 1880 ; 30.

1881 1113. Ardenne (d'). — L'allaitement artificiel. *Paris*, 1881, J.-B. Baillière & fils, 319 p. 18°.

1114. MARTIN. — Biedert's Kindernahrung. *Jahrb. f. Kinderh.*, n. F., XVIII, Leipzig **1882** 1882 ; 239-253.

1115. CARMICHAEL (J.). — Artificial lactation of infants. *Edinburgh Clin. & Path. J.*, **1883** I, 1883-84 ; 409-415.

1116. SCHOPPE (H.). — Zur künstlichen Ernährung der Säuglinge in den drei **1884** ersten Lebensmonaten. Experimentell klinische Untersuchung. *Tübingen*, 1884, 8°.

1117. VIDAL (E.-C.). — The feeding of infants with cow's milk. *Med. Rec.*, XXVI, New York, 1884 ; 474.

1118. MEREU (G.). — Latte ed allattamento. *Cagliari*, 1885, 8°. **1885**

1119. GALLOIS (E.). — La Nursery municipale de Grenoble. *J. Soc. de méd. &* **1887** *pharm. de l'Isère*, XII, Grenoble, 1887-88 ; 225, 252. — *Dauphiné méd.*, XIII, Grenoble, 1889 ; 4, 31.

1120. ROUSSEAU-ST-PHILIPPE. — De l'allaitement par le nez. De son utilisation dans la pratique. *J. de méd. de Bordeaux*, XVII, 1887-88 ; 3.

1121. VAUGHAN (V.-C.). — The use of cow's milk in the artificial feeding of infants. *Tr. Internat. M. Cong.*, III, Washington, 1887 ; 485-489.

1122. BAILLET. — Les ânesses laitières à Toulouse. *Rev. méd. de Toulouse*, XXII, 1888, **1888** 273-293.

1123. BUDIN (P.). — Difficultés de l'allaitement ; des téterelles. *Progrès méd.*, 2e s., VIII, Paris, 1888 ; 169-172.

1124. ROUSSEAU-ST-PHILIPPE. — De l'allaitement par le nez et de son utilité dans la pratique. *Mém. & bull. Soc. de méd. & chir. de Bordeaux*, (1887), 1888 ; 457-466.

1125. BUDDE (V.). — Kunstig Opfodning af Smaaborn med kogt Mælk (Allaite- **1889** ment artificiel par le lait bouilli). *Ugesk. f. Laeger*, 4. R., XX, Kjobenhavn, 1889 ; 29-42.

1126. CHEADLE (W.-B.). — On the principles and exact conditions to be observed in the artificial feeding of infants ; the properties of artificial foods ; and the diseases which arise from faults of diet in early life. *London*, 1889, Smith, Elder & Co., 221 p. 8°.

1127. KEATING (J.-M.). — Milk for infants in summer. *Med. & Surg. Reporter*, LXI, Philadelphia, 1889 ; 85.

1128. MEIGS (A.-V.). — The artificial feeding of infants (and disc.). *Tr. Am. Pediat. Soc.*, I, 1889 ; 71-85.

1129. X... — Résumé of Dr E.-F. Brush's paper on « Cow's milk for infant food. » *Arch. Pediat.*, VI, Philadelphia, 1889 ; 587-589.

1130. MARSHALL (C.-R.). — A practitioner's experience in infant feeding. *New York* **1890** *M. J.*, LII, 1890 ; 237.

1131. ANDRIEU (J.). — La question du lait. (Allaitement hygiénique de l'enfance.) **1891** *Paris*, 1891, 14 p. 8°.

1132. COURANT (G.). — Ueber die Bedeutung des Kalkwasserzusatzes zur Kuhmilch **1892** für die Ernährung der Säuglinge. *Centralbl. f. Gynäk.*, XVI, Leipzig, 1892 ; 210. — *Maly's Jahresbericht*, XXII, Wiesbaden, 1893 ; 182.

1133. RACHFORD (B.-K.). — A reliable milk supply for babies. *Cincinnati Lancet-Cli- nic*, n. s., XXIX, 1892 ; 12-14.

1892 1134. ROTCH (T.-M.). — The value of milk laboratories for the advancement of our knowledge of artificial feeding (and disc.). *Tr. Am. Pediat. Soc.*, IV, 1892 ; 244-258.

1135. VAN PUTEREN (M.-D.). — (Les méthodes d'alimentation artificielle des enfants et leur valeur.) *J. Russk. Obsh. ochran. narod. zdravija*, II, St. Pétersbourg, 1892 ; 429-448.

1893 1136. BUDIN (P.). — Lait stérilisé et allaitement. *Paris*, 1893, G. Carré, 54 p. 8°.

1137. GUIDA (T.). — Considerazioni sul latte animale nello allattamento artificiale dei bambini. *Pediatria*, I, Napoli, 1893 ; 97-118.

1138. KRÜGER (FR.). — Ueber die Ernährung der Säuglings mit Kuhmilch. *Pharm. Ztschr. f. Russland*, XXXII, St. Petersburg, 1893 ; 86.

1139. PLAUT (H.-C.). — Einfluss der Beschaffenheit von Milch und Wohnung auf das Gedeihen der Ziehkinder in Leipzig. *Ztschr. f. Hyg.*, XV, Leipzig, 1893 ; 308.

1140. SAINT-YVES-MÉNARD. — Les meilleures conditions d'alimentation des enfants du premier âge en dehors de l'allaitement au sein. *J. de pharm. & chim.*, 5e s., XXVII, Paris, 1893 ; 243.

1141. TITOMANLIO (A.). — Norme principali per la pratica dell'allattamento artificiale e del nuovo poppatojo igienico. (2e ed.) *Napoli*, 1893, A. Tocco, 24 p. 12°.

1894 1142. DROUET. — De la valeur comparée du lait stérilisé et du lait bouilli dans l'allaitement artificiel. *J. de clin. & thérap. inf.*, II, Paris, 1894 ; 244, 260, 288.

1895 1143. BECK (K.-F.). — Ueber die Beschaffenheit der durch Fütterung von Kartoffelschlempe erzeugten Kuhmilch und ihre Brauchbarkeit zur Ernährung der Säuglinge. *Leipzig*, 1895, G. Wittrin, 8°. — *Centralbl. f. Agrikulturchem.*, XXIV, 1895 ; 669-672. — *Maly's Jahresbericht*, XXV, Wiesbaden, 1896 ; 223.

1144. DUVAUCHELLE (B.). — Alimentation de la petite enfance. *Agricult. de la rég. du Nord*, III, Arras, 1895 ; 252.

1145. ROSKAM. — Alimentation des jeunes enfants par le lait de vaches nourries de drêches de brasseries et de distilleries ; troubles morbides spéciaux observés chez ces enfants. *Ann. Soc. méd.-chir. de Liège*, XXXIV, 1895 ; 159-164.

1146. SCHMIDT (O.). — Neure Arbeiten über künstliche Säuglingsernährung. Sammelreferat. *Monatsschr. f. Geburtsh. & Gynaek.*, II, Berlin, 1895 ; 37-42.

1147. VOUTE (A.). — De voeding van den zuigeling (L'alimentation du nourrisson). *Med. Weekbl.*, II, Amsterdam, 1895-96 ; 133, 197, 269, 338.

1896 1148. BACZKIEWICZ (J.). — (L'alimentation des enfants par le lait de femme ou le lait de vache.) *Gaz. lek.*, 2e s., XVI, Warszawa, 1896 ; 555, 585, 613.

1149. LABUSQUIÈRE (R.). — De l'allaitement artificiel, d'après le Dr A. Marfan. *Ann. de gynéc. & obst.*, XLV, Paris, 1896 ; 222-237.

1150. NIVEN (J.). — On diarrhœa in Manchester in 1895, with special relation to infant feeding ; a preliminary investigation. *Lancet*, I, London, 1896 ; 535.

1897 1151. BAGINSKY (A.). — Milchversorgung und Milchcontrole. *In* : Arbeiten aus dem Kaiser-und Kaiserin Friedrich-Kinderkrankenhause. *Stuttgart*, III, 1897 ; 504-509.

1152. BERGERON & D'HEILLY. — Allaitement artificiel. *In* : Encycl. d'hyg. & de méd. publ., *Paris*, 1897, 8°. (VIII ; 66-76.)

1153. BIEDERT. — Ueber den jetzigen Stand der künstlichen Säuglingsernährung mit Milch und Milchpräparaten. *Therap. Monatsh.*, XI, Berlin, 1897 ; 633-641.

1154. Fischer (L.) & Poole (H.). — The clinical value and chemical results of using **1897**
Professor Gærtner's mother milk in children. *Med. Rec.*, LII, New York, 1897; 839-844.

1155. Monti (A.). — Ueber die Entwöhnung und Ernährung der Kinder bis zum zweiten Lebensjahre und die künstliche Ernährung der Säuglinge. *Wien. Klinik*, XXIII, 1897; 157-256.

1156. Valvassori-Peroni. — L'allattamento artificiale. *Milano*, 1897, 12°.

1157. Variot (G.). — Le lait pur dans l'allaitement artificiel. *J. de clin. & thérap. inf.*, V, Paris, 1897; 981-986.

1158. Variot (G.). — La surveillance de l'allaitement artificiel dans les crèches. *J. de clin. & thérap. inf.*, V, Paris, 1897; 747-750.

1159. Biedert (Ph.). — Ueber den jetzigen Stand der künstlichen Säuglingsernährung **1898**
mit Milch und Milchpräparaten. *Verhandl. d. Versamml. d. Gesellsch. f. Kinderh... deut-Naturf. & Aerzte*, (1897). XIV, Wiesbaden, 1898; 118-130.

1160. Budin (P.). — Rapport sur l'alimentation des nourrissons présentés à la Commission des crèches. 2ᵉ *Cong. nat. d'assist.*, *Rouen & Le Hâvre*, (1897). I, Rouen, 1898; 60.

1161. Carron de la Carrière. — L'allaitement artificiel d'après le Dʳ Variot. *J. d. praticiens*, XII, Paris, 1898; 185.

1162. Dufour (L.). — Note sur la goutte de lait. 2ᵉ *Cong. nat. d'assist.*, *Rouen & Le Hâvre*, (1897). II, Rouen, 1898; 46.

1163. Variot (G.). — Allaitement artificiel. La graduation des tétées. Réponse à une critique de M. Marfan sur la graduation des biberons. *J. de clin. & thérap. inf.*, VI, Paris, 1898; 877-880.

1164. Baginsky (A.). — Pflege und Ernährung des Kindes. Künstliche Ernährung. **1899**
Milchzusätze. Physikalisch und chemisch veränderte Milchproducte. Milchsterilisirung und Milchconserven. Kindermehle, Surrogate. etc. *In* : Lehrbuch der Kinderkrankheiten. *Braunschweig*, 1899, F. Wreden, 8°. (p. 23-52).

1165. Ballin (L.). — Ueber Magenthätigkeit bei dyspeptischen Säuglingen. *Berlin*, 1899, G. Schade, 33 p. 8°. (*Inaug.-Diss.*)

1166. Bollinger. — Die Gefahren der künstlichen Ernährung der Säuglinge mit Kuhmilch. *Wien. landwirth. Ztg.*, XLIX, 1899; 618.

1167. Bouroff (I.-A.). — Statistique de la diarrhée d'été à la Clinique infantile de la Faculté de Toulouse. *Toulouse*, 1899, Impr. Saint-Cyprien, 56 p. 8°. (*Thèse.*)

1168. Budin (P.). — Les consultations de nourrissons. *Bull. Acad. de méd.*, 3ᵉ s., XLII, Paris, 1899; 194-209. (4 graph.) — *Rev. philanthrop.*, V, Paris, 1899; 406-418. — *Progrès méd.*, 3ᵉ s., X, Paris, 1899; 81-86. (11 fig.)

1169. Casamajor. — Les avantages de l'allaitement artificiel par le lait d'ânesse. *Presse méd.*, Paris, 1ᵉʳ sem., 1899; (anal.) 105-107. — *Rev. d'hyg.*, XXI, Paris, 1899; 335.

1170. Klautsch (A.). — Ueber Körperwägungen bei Flaschenkindern in den beiden ersten Lebensjahren. *Arch. f. Kinderh.*, XXVII, Stuttgart, 1899; 305-316.

1171. Kœppe (H.). — Ueber die künstliche Ernährung der Säuglinge und gewisse Nachtheile dieser Ernährungsweise. *Ztschr. f. prakt. Aerzte*, VIII, Leipzig, 1899; 1.

1899 1172. KOPLIK (H.). — Die Gewichtszunahme bei künstlich ernährten Kindern. *Jahrb. f. Kinderh.*, n. F., L, Leipzig, 1899; 331.

1173. KOPLIK (H.). — The increase of weight in infants fed artificially (with disc.). *Arch. Pediat.*, XVI, New York, 1899; 747-757. — *Brit. M. J.*, II, London, 1899; (epit.) 28.

1174. KÜSS (G.). — L'allaitement artificiel. *Bull. méd.*, XIII, Paris, 1899; 675.

1175. MESNARD (P.-A.). — L'allaitement artificiel des nourrissons par le lait stérilisé. *Presse méd.*, Paris, Ier sem., 1899; 173-175.

1176. MEUNIER (J.). — De l'allaitement artificiel des nourrissons par le lait féminisé. stérilisé. *Dauphiné méd.*, XXIII, Grenoble, 1899; 49, 73.

1177. ROTHSCHILD (H. DE). — L'œuvre philanthropique du lait. *Rev. philanthrop.*, VI, Paris, 1899-1900; 526-530.

1178. SCHLESINGER (E.). — Ueber künstliche Säuglingsernährung. *Therap. Monatsh.*, XIII, Berlin, 1899; 132-141.

1179. SCHMID-MONNARD. — Ueber die Nahrungsmengen normaler Flaschenkinder *Jahrb. f. Kinderh.*, n. F., XLIX, Leipzig, 1899; 67-76.

1180. SIETHOFF (E.-G.-A. ten). — Over de voeding van het kind in het eerste levensjaar in het bijzonder over de voeding met onze kindermelk (Emstermate) (L'alimentation du nourrisson, et en particulier l'alimentation avec notre lait modifié). *Nederl. Tijdschr. v. Geneesk.*, 2. R., XXXV, Amsterdam, 1899; (1. D.) 305-321. (2 pl.)

1181. TUTTLE (M.-G.). — Artificial feeding of infants. *In* : Diseases of Children. *New York*, 1899, 386 p. 8°.

1182. VALDAMERI (A.). — L'allattamento artificiale ed il latte sterilizzato. Considerazioni. Proposte. Nuovo modello di beverone. *Boll. d. Assoc. san. milanese*, 1, Milano, 1899; 157-159.

1183. VARIOT (G.). — Causes et traitement des vomissements chez les nourrissons allaités artificiellement. *J. de clin. & thérap. inf.*, VII, Paris, 1899; 1-7.

1184. WENDE (E.). — The cause and prevention of infant mortality. *Sanitarian*, XLIII, 1899; 522-524.

1185. ZUBER (A.). — De la mortalité infantile à Nancy, principalement dans la classe ouvrière indigente. Importance de la gastro-entérite dans cette mortalité. Sa prophylaxie. *Nancy*, 1899, A. Crépin-Leblond, 136 p. 8°. (1 pl.)

1900 1186. BAGINSKY (A.). — The milk supply in the Kaiser and Kaiserin Friedrich Hospital in Berlin. *Ann. Gynec. & Pediat.*, XIV, Boston, 1900-1901; 138-144. — *J. Am. M. Assoc.*, XXXV, Chicago, 1900; 666.

1187. BAGINSKY & SOMMERFELD. — Sur la production et le contrôle du lait à l'hôpital d'enfants Empereur et Impératrice Frédéric. *Arch. de méd. d. enf.*, III, Paris, 1900; 257-268.

1188. BAGINSKY (A.) & SOMMERFELD. — Ueber die Milchversorgung und Milchkontrolle im Kaiser- und Kaiserin Friedrich-Kinderkrankenhause. *Ztschr. f. Krankenpflg.*, XXII, Berlin, 1900; 3-9.

1189. BARBELLION. — De la valeur du lait de chèvre dans l'alimentation des enfants. (XIIIe Congrès international de médecine. Paris, 1900.) *Paris*, 1900, Impr. Coupard & Cie., 15 p. 8°.

1190. Bell (J.-F.). — Some remarks on the artificial feeding of infants and the regu- **1900** lation of the milk-supply in the country. *Med. News*, lxxvii, New York, 1900; 48-53. — *New York Lancet*, xxi, 1900; 274-280.

1191. Bergé (M.). — Pour nos enfants. Dégénérescence et mortalité. L'œuvre philanthropique du lait. La polyclinique H. de Rothschild. *Ann. scient. & méd.*, i, Paris, 1900; 26-28.

1192. Bergey (D.-H.). — The relation of artificial feeding to the gastro-intestinal disease of infants. *Univ. M. Mag.*, xiii, Philadelphia, 1900; 329-339. (1 pl.)

1193. Blacker (G.-F.). — The feeding of infants with modified milk. (Abstr.) *Lancet*, i, London, 1900; 540.

1194. Blauberg (M.). — Experimentelle Beiträge zur Frage über den Mineralstoffwechsel beim künstlich ernährten Säugling. *Ztschr. f. Biol.*, n. F., xxii, München & Leipzig, 1900; 1-35. (28 Taf.)

1195. Blayac (E.). — L'œuvre philanthropique du lait. Règles générales de l'allaitement artificiel par le lait stérilisé. *J. d'hyg.*, xxv, Paris, 1900; 169-171, 178-180.

1196. Boissard (A.). — De l'alimentation des nouveau-nés par le lait de chèvre. *J. d. praticiens*, xiv, Paris, 1900; 337-339. — *J. de méd. de Paris*, 2e s., xi, 1900; 256. — *Petit monit. de la pharm.*, l, Paris, 1900; 3660.

1197. Bonifas (J.). — Du coupage du lait chez les enfants du premier âge. *Progrès méd.*, 3e s., xi, Paris, 1900; 113-116.

1198. Boorse (L.). — Substitute feeding of infants, with special reference to the percentage method, and home modification of cow's milk. *Clin. Rev.*, xii, Chicago, 1900; 363-374.

1199. Breuillé (A.). — Les consultations d'enfants et les distributions de lait stérilisé. *Rev. municipale*, iii, Paris, 1900; 1817.

1200. Brunon (R.). — Création d'une « Goutte de lait » à Rouen. *Normandie méd.*, xvi, Rouen, 1900; 209-214.

1201. Budin (P.). — Alimentation des enfants débiles. *Rev. de thérap. méd.-chir.*, lxvii, Paris, 1900; 655-660.

1202. Budin (P.). — De la puériculture après la naissance. *Rev. philanthrop.*, vii, 1900; 537-555. (8 fig.) — *Rev. d. revues*, Paris, 1900; 229-237.

1203. Chapin (H.-D.). — Substitute infant feeding. *J. Am. M. Assoc.*, xxxv, Chicago, 1900; 71-74. (1 fig.) — *Am. J. Pharm.*, lxxii, Philadelphia, 1900; 581-589.

1204. Chéron (P.). — Les dangers de l'allaitement artificiel. *Hyg. usuelle*, vi, Paris, 1900; 243, 259.

1205. Comby (J.). — L'anémie des nourrissons dyspeptiques. *Arch. de méd. d. enf.*, iii, Paris, 1900; 321-337.

1206. Decio (F.-C.). — Spigolature storiche sull'allattamento mercenario ed artificiale con speciale riguardo ai Brefotrofi Milanesi. *Arte ostet.*, xiv, Milano, 1900; 49, 65, 81 (4 tav.), 134 (1 fig., 1 portr.), 185, 200 (2 fig.), 217, 234.

1207. Douglas (C.). — Some observations on the sterilisation of milk in infant feeding. *Glasgow M. J.*, liii, 1900; 427-433.

1208. Dufour (L.). — La goutte de lait à Fécamp de 1891 à 1900. *Normandie méd.*, xvi, Rouen, 1900; 89-100, 105-115.

1900

1209. ENTZ (Mlle). — Consultations de nourrissons. Allaitement au sein et allaitement artificiel. *Paris*, 1900, G. Carré & C. Naud, 59 p. 8°. (*Thèse.*)

1210. ESCHERICH. — Les doctrines de l'allaitement artificiel : le lait de femme agissant comme ferment. *Ann. de méd. & chir. inf.*, IV, Paris, 1900; 831-841.

1211. FERRAUD (CH.). — Le service médical dans les crèches. *Paris*, 1900, L. Boyer, 88 p. 8°. (*Thèse.*)

1212. FISCHER (L.). — Infant feeding. *Med. Rec.*, LVIII, New York, 1900; 893.

1213. FOTHERINGHAM (J.-T.). — Infant feeding and infantile diarrhœa. (Abstr.) *Arch. Pediat.*, XVII, New York, 1900; 157.

1214. FÜRST (L.). — Die künstliche Ernährung des Kindes im ersten Lebensjahre. Fragen einer Mutter und Antworten eines Arztes. (2. Aufl.) *Berlin*, 1900, Werther, VII-83 p. 8°. (Abbild.)

1215. HEUBNER (O.). — Det spæde Barns kunstige Ernæring. (L'allaitement artificiel des nourrissons.) *Ugeskr. f. Læger*, Kjobenhavn, 1900; 928-930.

1216. HEUBNER (O.). — Sur l'alimentation artificielle des nourrissons, *In* : XIIIe Cong. internat. de méd., Rés. d. rapports, *Paris*, 1900; (Sect. d. mal. de l'enf.) 5-6. — *Riv. internaz. d'ig.*, XI, Napoli, 1900; 388. — *Rev. méd.*, IX, Paris, 1900; 261. — *Rev. d. mal. de l'enf.*, XVIII, Paris, 1900; 355-367. — *Riforma med.*, III, Milano, 1900; 571-583. — *J. d. praticiens*, XIV, Paris, 1900; 585. — *Jahrb. f. Kinderh.*, 3. F., II, Berlin, 1900; 369. — *München. med. Woch.*, XLVII, 1900; 1321.

1217. HEUBNER (O.). — Die künstliche Ernährung des Säuglings. *Wien. med. Bl.*, XXIII, 1900; 521. — *Cor.-Bl. f. schweiz. Aerzte*, XXX, Basel, 1900; 724. — *Wien. med. Presse*, XLI, 1900; 1465-1467.

1218. HIRST (J.-C.). — Artificial feeding of infants. *Internat. M. Mag.*, IX, Philadelphia, 1900; 507.

1219. HOCHSINGER (C.). — Ueber Säuglingsernährung mit Kuhmilch und Präparaten derselben. *Wien*, 1900, Perles, 68 p. 8°. (1 Taf.)

1220. HOUWING (G.). — Onderzoekingen over de voeding van zuigelingen met karnemelk. *Nederl. Tijdschr. v. Geneesk.*, 2. R., XXXVI, Amsterdam, 1900; 808-812.

1221. JACOBI. — L'allaitement artificiel. *In* : XIIIe Cong. internat. de méd., Rés. d. rapports, *Paris*, 1900; (Sect. d. mal. de l'enf.) 1-3. — *Riv. internaz. d'ig.*, XI, Napoli, 1900; 385. — *Rev. méd.*, IX, Paris, 1900; 261. — *Rev. d. mal. de l'enf.*, XVIII, Paris, 1900; 355-367. — *München. med. Woch.*, XLVII, 1900; 1321. — *Riforma med.*, III, Milano, 1900; 571-583. — *Jahrb. f. Kinderh.*, 3. F., II, Berlin, 1900; 568.

1222. JACOBI (A.). — Artificial infant-feeding (and disc.). *Arch. Pediat.*, XVII, New York, 1900; 843-851.

1223. JEMMA (R.). — L'allattamento artificiale. *Firenze*, 1900, L. Niccolai, XVI-212 p. 8°.

1224. KILLOWAY (S.). — Artificial feeding of childhood. *Indian M. Rec.*, XIX, Calcutta, 1900; 332.

1225. KOBRAK (E.). — Die Bedeutung des Milch-Thermophors für die Säuglingsernährung. *Ztschr. f. Hyg.*, XXXIV, Leipzig, 1900; 518-533. — *Rev. d'hyg.*, XXII, Paris, 1900; 857.

1226. LEFILLATRE (G.). — Étude sur l'allaitement artificiel dans la classe pauvre. La « Goutte de lait » du Hâvre. *Paris*, 1900-1901, L. Boyer, 31 p. 8°. (*Thèse.*)

1227. LEGRAND. — La mortalité des nourrissons par diarrhée à Amiens, *Gaz. méd.* **1900** *de Picardie*, XVIII, Amiens, 1900; 82.

1228. LOUGHRAN (F.-W.). — Some notes on the artificial feeding of infants during the first year. *Dietet. & Hyg. Gaz.*, XVI, New York, 1900; 136-142.

1229. MARFAN (A.-B.). — L'étiologie et la pathogénie du choléra infantile. *Rev. prat. d'obst. & pédiat.*, XIII, Paris, 1900; 257-275.

1230. MARFAN (A.-B.). — L'allaitement artificiel. *Bull. de l'Assoc. méd. mutuelle*, III, Paris, 1900; 109-113.

1231. MARTIN (A.-J.). — Consultations de nourrissons. *J. off. de la République française*, Paris, 1900; 5225.

1232. MICHELAZZI (A.). — Ricerche sperimentali intorno al marasma dei lattanti nutrici con latte sterilizzato di animali tubercolotici. *Suppl. al Policlin.*, VI, Roma, 1900; 673-676.

1233. MONTI (A.). — Die künstliche Ernährung der Säuglinge mit Milch und Molke (Säuglingsmilch). *Med. Woche*, II, Berlin, 1900; 349-353.

1234. MONTI (A.). — Bericht über die Verhandlungen der Section für Kinderheilkunde auf dem XIII. internationalen medicinischen Kongress zu Paris. (I. Sitzung : die künstliche Ernährung.) *Arch. f. Kinderh.*, XXIX, Stuttgart, 1900; 382-392.

1235. NETTER (I..). — Échanges nutritifs dans l'allaitement artificiel. *Mâcon*, 1900, Impr. Protat frères, 79 p. 8°. (*Thèse* de Paris.)

1236. OPPENHEIMER (K.). — Ueber das Pasteurisiren der Milch zum Zwecke der Säuglings-Ernährung. *Rothe Kreuz*, XVIII, Berlin, 1900; 251-271. (1 Abbild.)

1237. PALMER (G.-TH.). — Feeding the infants of the poor with unsterilized cow's milk. *New York M. J.*, LXXII, 1900; 404-406.

1238. PENNATO (P.). — Risultati dell'allattamento artificiale nel brefotrofio di Udine In : Atti d. 1. Cong. naz. p. l'ig. d. allatt. mercenario, *Milano*, Cogliati, 1900; 205-206.

1239. PORAK. — Rapport annuel de la Commission permanente de l'hygiène de l'enfance, présenté à M. le Ministre de l'Intérieur pour l'année 1900. *Bull. Acad. de méd.*, 3ᵉ s., XLIV, Paris, 1900; 546-600.

1240. ROTHSCHILD (H. DE). — Dépopulation et protection de la première enfance. (Conférence faite à l'*Union scolaire*, 19, rue Bérenger, le 14 novembre 1900.) *Paris*, 1900, O. Doin, 32 p. 8°. (7 fig.)

1241. ROTHSCHILD (H. DE). — Progrès réalisés par l'Assistance publique et la charité privée dans la lutte contre la mortalité des enfants du premier âge. *Rec. d. trav. du Cong. internat. d'assist. pub. & de bienfaisance privée, Paris*, III, Paris, 1900; 55-66.

1242. ROTHSCHILD (H. DE). — La mortalité par gastro-entérite chez les enfants âgés de 0 à 1 an à Paris et plus particulièrement à la Polyclinique H. de Rothschild en 1898 et 1899. *Progrès méd.*, 3ᵉ s., XI, Paris, 1900; 97-104. — *Obstétrique*, V, Paris, 1900; 280.

1243. ROWE (J.-W.). — Infant feeding (and discussion). *Cincinnati Lancet-Clinic*, n. s., XLV, 1900; 236, 243.

1244. SALLES. — L'Œuvre de la goutte de lait. (Conférence de M. le Dr. Dufour, de Fécamp.) *Rev. méd. de Normandie*, I, Rouen, 1900; 128-131.

1900

1245. SONNENBERGER. — Beiträge zur Aetiologie und Pathogenese der acuten Verdauungsstörungen im Säuglingsalter, insbesondere der Cholera nostras. *Therap. Monatsh.*, xv, Berlin, 1900; 6-12.

1246. SOXHLET. — Ueber die künstliche Ernährung des Säuglings. *München. med. Woch.*, xlvii, 1900; 1658, 1699.

1247. STEINITZ (FR.). — Ueber Versuche mit künstlicher Ernährung. *Breslau*, 1900, Druck v. Grass, Barth & Co., 44 p. 8°. (*Inaug.-Diss.*)

1248. STRAUSS (P.). — Proposition de loi sur la protection et l'assistance des mères et des nourrissons, présentée par... *J. off. de la République française*, Paris, 1900; (Document parlement.) 449. (Annexe n° 235.)

1249. SZALARDI (M.). — Die künstliche Ernährung der Säuglinge mit besonderer Rücksicht auf die Findlinge. *Ungar. med. Presse*, v, Budapest, 1900; 31.

1250. VARIOT (G.). — L'allaitement artificiel. *Hyg. usuelle*, vi, Paris, 1900; 93.

1251. VARIOT (G.). — Projet de réorganisation des services de nourrissons allaités artificiellement dans les hôpitaux d'enfants de Paris. *Gaz. d. hôp.*, lxxiii, Paris, 1900; 85-87. — *Obstétrique*, v, Paris, 1900; 281.

1252. VARIOT (G.). — Sur l'emploi méthodique du lait stérilisé industriellement pour l'allaitement artificiel dans les grandes villes. *In* : xiii° Cong. internat. de méd., Rés. d. rapports, *Paris*, 1900; (Sect. d. mal. de l'enf.) 17. — *J. d. praticiens*, xiv, Paris, 1900; 585. — *Rev. méd.*, ix, Paris, 1900; 261. — *Rev. d. mal. de l'enf.*, xviii, Paris, 1900; 355-367. — *Riv. internaz. d'ig.*, xi, Napoli, 1900; 389. — *Riforma med.*, iii, Milano, 1900; 571-583. — *Jahrb. f. Kinderh.*, 3. F., ii, Berlin, 1900; 371.

1253. VOLPE (A.). — Rapporti tra la putrefazione intestinale e la sterilizzazione del latte nell' alimentazione artificiale dei bambini. *Policlinico*, vii, Roma, 1900; 206-214. (6 tav.) — *Gior. d. r. Soc. ital. d'ig.*, xxii, Milano, 1900; 220.

1254. WALTON (J.-C.). — Infant feeding. *Charlotte (N. C.) M. J.*, xvi, 1900; 605-608.

1255. WILLIAMS (C.). — Intestinal catarrh and infant feeding. *Med. Times*, xxviii, New York, 1900; 99.

1256. WINTER (A.). — Kurzer Beitrag zur Ernährung der Kinder mit dem Biedert' schen Rahmgemenge unter ungünstigen Verhältnissen. *Centralbl. f. Kinderh.*, v, Sprottau & Leipzig, 1900; 1-3.

1257. X... — Le lait et l'alimentation des nouveau-nés. *Ind. lait.*, xxv, Paris, 1900; 137.

1258. X... — Summer infant feeding. *Med. News*, lxxvii, New York, 1900; 384.

1259. ZAOUSSAÏLOV (M.-A.). — (De l'allaitement des nourrissons avec du lait stérilisé.) *Boln. Gaz. Botkina*, xi, St. Pétersbourg, 1900; 745, 800, 854, 899.

1260. ZWEIFEL (P.). — Aetiologie, Prophylaxis und Therapie der Rhachitis. (iv. Theil. Verdauungsversuche mit Kuhmilch unter ähnlichen Bedingungen wie im Magen eines neugeborenen Kindes.) *Leipzig*, 1900, S. Hirzel, 188 p. 8°.

1261. BAINES (Mrs. M.-A.). — Excessive infant mortality, how can it be stayed? To which is added a short paper, reprinted from *the Lancet*, on infant alimentation, on artificial feeding as a substitute for breast milk considered in its physical and social aspects. *London*, (s. d.) 8°.

1262. Liebig (J. von). — Suppe für Säuglinge. (2. Aufl.) *Braunschweig*, 1866, Vieweg & Sohn, 35 p. 8ª. **1866**

1263. Lœflund (E.). - ·Löflund's medicinisch-diätetische Präparate. *Stuttgart*, 1869, C. Grüninger, 55 p. 12º. **1869**

1264. Baruch (S.). — Artificial infant foods. *Dietet. Gaz.*, n. s., I, New York, 1888; 1-3. **1888**

1265. Yeo (J.-B.) & Martin (S.). — A discussion on foods for invalids and infants. *Brit. M. J.*, London, II, 1889; 1261-1262. **1889**

1266. Baron. — Die künstlichen Kindernahrungsmittel. *München. med. Woch.*, XLII, 1895; 668-697. **1895**

1267. Weber. — Lait maternel. (Anal.) *J. de pharm. & chim.*, 6ᵉ s., III, Paris, 1895; 94.

1268. Bulkley (L.-D.). — Wheat products in infant feeding. *Pediatrics*, V, New York & London, 1898; 499. **1898**

1269. Macfarlane (Th.). — Infants' and invalids' foods. *Laborat. Inland Revenue Depart.*, Bull. 59, Ottawa (Canada), 1898, 24 p. 8º.

1270. Bernigau (L.). — Ueber Kolamilch, ein neues Magermilchpräparat. *Molkerei-Ztg.*, IX, Berlin, 1899; 603. **1899**

1271. Bloch (E.). — Ueber das Casëon, ein neues Eiweisspräparat. *Fortschr. d. Med.*, XVII, Berlin, 1899; 461-463.

1272. Eury (J.). — Préparation du lait maternisé. *Bull. Soc. de méd. & chir. de la Rochelle*, XXXI, 1899; 45-47. — *Répert. de pharm.*, 3ᵉ s., XII, Paris, 1900; 7. — *Ann. de pharm.*, VI, Louvain, 1900; 299. — *Nouv. remèdes*, XVI, Paris, 1900; 163-165.

1273. Finkelstein (H.). — Die Leistungen der gebräuchlichsten künstlichen Milchpräparate in der Säuglingsernährung. *Therap. d. Gegenwart*, n. F., I, Berlin & Wien, 1899; 181-184.

1274. Kronfeld (A.). — Erfahrungen mit einem neuen Nährpräparat. *Wien. med. Woch.*, XLIX, 1899; 2029.

1275. Wintgen (W.). — Ein Beitrag zur Kenntniss des Caseons. *Ztschr. f. Unters. d. Nahrungs-& Genussmittel*, II, Berlin, 1899; 761-769. — *Maly's Jahresbericht*, XXIX, Wiesbaden, 1900; 259.

1276. Bartley (E.-H.). — Some points in the chemistry of cow's milk, with reference to infant feeding; with a description of a method for home modification of cow's milk. *Brooklyn M. J.*, XIV, 1900; 338-352. **1900**

1900   1277. BENDIX (B.). — Allenbury's Kindernahrung (Allenbury's milk food). *Deut. Aerzte-Ztg.*, II, Berlin, 1900; 450-454. (9 Curv.)

1278. BOLTENSTERN (O. VON). — Dr. med. Theinhardt's lösliche Kindernahrung. *Aerztl. Rundschau*, X, München, 1900; 422.

1279. CAMPBELL (G.-G.). — A simple and inexpensive method of obtaining and pasteurizing cream for the preparation of infant food. *Montreal M. J.*, XXIX, 1900 ; n. 4. — *Arch. Pediat.*, XVII, New York, 1900; 640.

1280. CASPARI (W.). — Ein Beitrag zur Beurtheilung von Milchpräparaten. *Berlin. klin. Woch.*, XXXVII, 1900 ; 749-751.

1281. CHAPIN (H.-D.). — A dipper for removing and measuring cream in the household modification of milk. *Arch. Pediat.*, XVII, New York, 1900; 35.

1282. DROIXHE (N.). — La maternisation du lait. *Médecin*, X, Bruxelles, 1900 ; 110.

1283. DUNGERN (VON). — Eine praktische Methode, um Kuhmilch leichter verdaulich zu machen. *München. med. Woch.*, XLVII, 1900 ; 1661.

1284. FRIEDMANN. — Erfahrungen über die Kindermilch nach Backhaus. *Leipzig*, 1900, B. Konegen, 4 p. 8°.

1285. GOLDMANN (A.). — Die Ernährung gesunder und kranker Kinder mit « Muffler's sterilisirter Kindernahrung » *Deut. Med.-Ztg.*, XXI, Berlin, 1900; 540-550.

1286. HARRIS (F.-D.). — The supply of sterilised humanised milk for the use of infants in St. Helens. *Brit. M. J.*, II, London, 1900; 427-431. — (Repr.) *London*, 1900, 9 p. 12°. (6 fig.)

1287. HESSE (W.). — Ueber einen neuen Milcherzatz : Pfund's Säuglingsnahrung. *Ztschr. f. Hyg.*, XXXV, Leipzig, 1900 ; 439-494.

1288. JACOBI (A.). — Artificial food. *St. Louis M. & S. J.*, LXXIX, 1900 ; 133.

1289. JAHN. — Ueber Backhaus-Milch. (Ref.) *Berlin. klin. Woch.*, XXXVII, 1900 ; 559.

1290. LILIENFELD (K.). — Zur Verwendbarkeit von Kindermehl bei der Säuglingsernährung. *Aerztl. Rundschau*, X, München, 1900; 113-115.

1291. MONTI (A.). — Die wissenschaftlichen Grundzätze zur Beschaffung einer der Frauenmilch nahezu gleichwertigen Nahrung. *Allg. Wien. med. Ztg.*, XLV, 1900; 453, 464. — *Wien. med. Bl.*, XXIII, 1900 ; 663-669.

1292. OVEREND (W.). — On the caloric-values of certain artificial infant's food. *Lancet*, II, London, 1900; 937-940.

1293. PODA (H.) & PRAUSNITZ (W.). — Ueber Plasmon, ein neues Eiweisspräparat. *Ztschr. f. Biol.*, XXXIX, München & Leipzig, 1900; 277-312. — *Chem. Repert.*, XXIV, Cöthen, 1900; 91.

1294. REICHELT (J.). — Ueber Somatose-Kindernahrung. *Wien. med. Woch.*, L, 1900 ; 2268, 2339.

1295. ROTCH (T.-M.). — The modification of milk in milk laboratories. *Boston M. & S. J.*, CXLIII, 1900; 357-361.

1296. SHERMAN (A.-L.). — Demonstration of a home milk modifier. *J. Am. M. Assoc.*, XXXV, Chicago, 1900; 875. (1 fig.)

1297. STARR (L.). — A clinical study of laboratory milk in substitute infant feeding. *Arch. Pediat.*, XVII, New York, 1900; 1-7.

1298. Townsend (Ch.-W.). — Home modification of milk. *Boston M. & S. J.*, **1900** cxliii, 1900 ; 363.

1299. Valenza (P.). — Sul valore del latte grasso di Gærtner. *Gazz. d. osp.*, xxi, Milano, 1900 ; 1254.

1300. Virchow (C.). — Ausnutzung und Stoffwechselversuche mit dem neuen Eiweisspräparat « Plasmon », (Siebold's Milcheiweiss). *Therap. Monatsh.*, xiv, Berlin, 1900 ; 25.

1301. Westcott (Th.-S.). - A method for the differential modification of the proteids in percentage milk mixtures (and disc.). *Arch. Pediat.*, xvii, New York, 1900 ; 940.

1302. Woodruff (Ch.-E.). — The inaccuracies of home modification of cow's milk. *Philadelphia M. J.*, v, 1900; 729-734. (2 diag.)

XX. — NOURRICES

1303. Marcé. — Traité de la folie des femmes enceintes, des nouvelles accouchées **1858** et des nourrices. *Paris*, 1858, J.-B. Baillière & fils, 408 p. 8º.

1304. Monot. — Industrie des nourrices et mortalité des petits enfants. *Paris*, 1867, **1867** J.-B. Baillière & fils, 8º.

1305. Fournier (A.). — Nourrices et nourrissons syphilitiques. Leçons professées **1878** par... *Paris*, 1878, V.-A. Delahaye & Cie., 95 p. 8º.

1306. Jacoulet. — L'industrie nourricière et la loi Roussel; rapport sur les moyens **1883** pratiques de diminuer la mortalité des enfants du premier âge. *Union méd.*, 3ᵉ s., xxxvi, Paris, 1883 ; 862.

1307. Corivyaud (A.). - Rapport sur les modifications à apporter au service de la **1889** protection des enfants du premier âge. *J. de méd. de Bordeaux*, xix, 1889-90; 301-304.

1308. Vidal (E.). — Rapport au Conseil général sur le fonctionnement de la loi **1894** Roussel. *Draguignan*, 1894, Impr. O. Jouhan, 8º.

1309. Bataille. — Suppression du règlement qui interdit aux nourrices au sein, dans **1898** certaines Maternités, de conserver et d'allaiter leur propre enfant. *2ᵉ Cong. nat. d'assist.*, *Rouen & Le Havre*, (1897). ii, Rouen, 1898 ; 49.

1310. Acqua (E. dall'). — Le suppurazioni mammarie come cause impellenti all' **1900** allattamento mercenario; considerazioni igienico-sociali riguardo alle nutrici. *In* : Atti d. i. Cong. naz. p. l'ig. d. allatt. mercenario, *Milano*, Cogliati, 1900; 195-204.

1311. Carini (A.). — Il mercimonio delle nutrici in Sicilia e la necessità d'una radicale riforma del baliatico. *In* : Atti d. i. Cong. naz. p. l'ig. d. allatt. mercenario, *Milano*, Cogliati, 1900; 215-218.

1312. Clausse (H.). — Les bureaux de nourrice. *Santé humaine*, ii, Paris, 1900 ; ii, 12.

1900 1313. Farez (P.). — L'abstinence alcoolique des nourrices et la puériculture. *Tribune méd.*, xxxiii, Paris, 1900; 488. — *Rev. d'hyg.*, xxii, Paris, 1900; 665.

1314. Gassot. — Projet de revision de la loi Roussel. Rapporteur Dr Gassot, avec la collaboration de la Commission nommée par la Société du Concours médical, commenté par le Dr Barthès. *Rev. philanthrop.*, vi, Paris, 1900 ; 300-312.

1315. Guénon. — Nourrices d'autrefois et nourrices d'aujourd'hui dans le Morvan. *Gaz. d. hôp.*, lxxiii, Paris, 1900; 771.

1316. Jacoulet (A.). — Nourrices et nourrissons. *Infirmier*, iv, Paris, 1900, n. 16, 17.

1317. Pestalozza (F.). — Le levatrice e l'igiene dell' allattamento mercenario nei communi rurali. *In* : Atti d. 1. Cong. naz. p. l'ig. d. allatt. mercenario, *Milano*, Cogliati, 1900; 173-180.

1318. Rue (H.). — Nouvelle étude sur la revision de la loi Roussel. *Toulouse*, 1900, 80 p. 8°. (*Thèse.*)

1319. Savouré-Bonville (A.). — 1° Du paiement du salaire des nourrices. 2° De la protection des bonnes nourrices contre l'indignité ou contre la pauvreté des parents de leurs nourrissons. *Rec. d. trav. du Cong. internat. d'assist. pub. & de bienfaisance privée*, iii, Paris, 1900; 32-37.

1320. Valvassori-Peroni (C.). — Sulla scelta delle nutrice; esame chimico-microscopico del latte di donna; rapporto fisiologico fra nutrice e bambino ; criteri scientifico pratici per le scelta della nutrice. *In* : Atti d. 1. Cong. naz. p. l'ig. d. allatt. mercenario, *Milano*, Cogliati, 1900 ; 108-123.

1321. Variot (G.). — Les nourrices sur lieu. *Hyg. lactée*, iii, Paris, 1900 ; 194.

XXI. — BIBERON

1894 1322. Cameron (J.-S.). — Note on diarrhœa and its relation to fruit and feeding bottle. *Lancet*, i, London, 1894; 1610.

1900 1323. Kilmer (T.-W.). — The proper care of the infant's nursing bottle ; an apparatus for the perfect sterilization of the same, combined with a pasteurizer and sterilizer for milk. *New York M. J.*, lxxii, 1900; 65. (4 fig.)

1324. Wende (E.). — The great danger attending the use of long-tube nursing bottles. *Buffalo M. J.*, n. s., xl, 1900 ; 104-109. (7 fig.)

TROISIÈME PARTIE

BREVETS D'INVENTION

I. — Brevets français.

Casse. — Certificat d'addition pris, le 4 décembre 1893, pour procédé pour conser- **1899**
ver le lait et la crème. 28 décembre 1899, n. 234526.

Eggeman. — Appareil perfectionné servant à examiner le lait et autres liquides.
12 décembre 1899, n. 295193.

Gürber. — Procédé de fabrication de lait condensé. 11 septembre 1899,
n. 292461. — Certificat d'addition. 7 décembre 1899, n. 292461.

Just. — Procédé pour la préparation d'une substance alimentaire de la caséine.
23 octobre 1899, n. 293593.

Wimmer, Bucka & Hansen. — Procédé de conservation du lait à l'état sec. 28 novembre
1899, n. 294732.

Anoni & Mongiraud. — Appareil perfectionné pour la stérilisation du lait et son **1900**
transvasement aseptique. 29 juin 1900, n. 301731.

Berghmark. — Perfectionnements aux centrifuges (écrémeuses). 24 octobre 1900,
n. 304806.

Bernard. — Procédé de stérilisation et de bouchage combinés pour le lait et autres
liquides. 2 juin 1900, n. 300857.

Bitter. — Toupie pour écrémer le lait. 13 janvier 1900, n. 296125.

Cie Parisienne de Couleurs d'Aniline. — Procédé pour rendre le lait de vache
ou de chèvre facile à digérer. 7 juillet 1900, n. 301990.

Denis. — Système de comptoir glacière pour le rafraîchissement des liquides et plus
particulièrement du lait. 12 juin 1900, n. 301182.

Durant. — Nouveau procédé lacto-analytique. 21 janvier 1900, n. 295804.

Gasquet. — Appareil pasteurisateur pour appliquer la pasteurisation à la bière,
au vin, au lait, aux moûts, etc., contenus en bouteilles ou autres récipients clos ou non.
13 mars 1900, n. 298155.

Graham-Yooll. — Perfectionnements dans les moyens pour régler ou arrêter l'écou-
lement des liquides dans les tubes de caoutchouc des biberons pour enfants. 9 mai 1900,
n. 301150.

1900   HELM. — Procédé destiné à préparer la crème ou le lait à la fabrication du beurre. 26 janvier 1900, n. 296563.

HUGOT. — Procédé de livraison de lait naturel tendant à prolonger la conservation du lait dans son état normal au-delà des limites où commence la fermentation dans les conditions de livraisons ordinaires. 5 juin 1900, n. 300927.

LECOMTE. — Petite laiterie complète. 20 juillet 1900, n. 302480.

LEZÉ & GLÉNAT. — Procédé de stérilisation et de conservation du lait. 6 février 1900, n. 296925.

MARCILLAC (DE). — Certificat d'addition au brevet pris, le 24 janvier 1893, par la Société A. de Marcillac et J.-H. Grein, pour perfectionnement à la fabrication de la matière dite : lactite. 7 mars 1900, n. 227398.

MERCIER. — Butyromètre centrifuge. 15 janvier 1900, n. 296149.

RHEINISCHE NÄHRMITTELWERKE ACTIEN-GESELLSCHAFT. — Procédé de préparation de lait desséché. 28 février 1900, n. 297611.

SOCIÉTÉ AKTIEBOLAGET SEPARATOR. — Dispositif adopté aux tambours centrifuges pour maintenir ensemble les plateaux de garniture intérieure et pour enlever le lait écrémé. 26 avril 1900, n. 299729.

SOCIÉTÉ AKTIEBOLAGET SEPARATOR. — Perfectionnements aux écrémeuses. 5 octobre 1900, n. 304301.

STAIGER. — Système de bouilloire à lait. 29 mai 1900, n. 300742.

STAUF. — Procédé pour l'obtention, sous forme de poudre sèche, des molécules solides contenues dans les sucs tels que le sang, le lait, etc. 20 août 1900, n. 303127.

STEIMEL SEL. ERBEN. — Séparateur centrifuge particulièrement applicable à l'écrémage du lait. 1er février 1900, n. 296755.

STŒCKER. — Biberon pour enfants. 20 juillet 1900, n. 302480.

2. — *Brevets allemands.*

1897   BECHTOLSHEIM (FREIH. VON). — Melkmaschine mit auf- und niedergehenden Melkbechern. 16. Oktober 1897, N. 105775. — 26. November 1898, N. 108561.

BULTMANN (J.-H.). — Milchschleuder mit zwei nacheinander von der Milch durchflossenen Trommeln auf derselben Achse. 10. Juli 1897, N. 109718.

KRŒBER (S.). — Absatzweis saugend wirkende Saugmaschine. 30. Oktober 1897, N. 106312.

« NUTRICIA » GESELLSCHAFT. — Verfahren zur Gewinnung wasserlöslicher Caseïnverbindungen mittelst citronensaurer Salze. 3. November 1897, N. 115958.

SCHWARTZ (W.). — Futtermittel aus Torf, Melasse und Magermilch. 21. November 1897, N. 112617.

1898   CHEMISCHE FABRIK RHENANIA. — Verfahren zur Herstellung von wasserlöslichen Verbindungen des Caseïns mit Alkaloïden. 8. März 1898, N. 119060.

HILBERG (E.). — Gefäss zum Sterilisiren, Transportiren und Ausschänken von Milch. **1898**
29. September 1898, N. 118320.

RHEINISCHE NÄHRMITTELWERKE ACTIENGESELLSCHAFT. — Verfahren zur Herstellung
künstlicher steriler Milch. 22. April 1898, N. 112687.

RIEGEL (M.) & ROSE (J.-A.). — Verfahren zur Herstellung wasserlöslicher Caseïnverbindungen. 24. März 1898, N. 106963.

SHIELS (A.). — Durch Luftsaugung wirkende Melkmaschine mit einer Saugund
Milchleitung und einer besonderen Luftzuleitung. 5. Oktober 1898, N. 116803.

SIEMSGLÜSS (G.). — Melkverfahren und Vorrichtung zur Ausführungders elben. 26. Juli
1898, N. 110970.

WENDEL (F.). — Als Regenerativ-oder Dauererhitzer verwendbarer Sterilisirapparat
für Flüssigkeiten (wie Milch). 10. Mai 1898, N. 112547.

AKTIEN-GESELLSCHAFT FÜR ANILIN-FABRIKATION. — Verfahren zur Darstellung eines **1899**
beim Kochen emulsionirenden Caseïnpräparats. 31. Januar 1899, N. 118656.

BACHRICH (L.). — Apparat zum Sterilisiren von Flüssigkeiten, insbesondere von
Bier, Wein und Milch. 28. März 1899, N. 111065.

BŒLLING-LADEGARD (A.-C.). — Melkvorrichtung mit elastichen Walzen. 26. November 1899, N. 115914.

BÜHLER (E. VON). -- Verfahren zum Pasteurisiren und Sterilisiren von Flüssigkeiten
aller Art und besonders von Milch. 9. Juli 1899, N. 111116.

CASSE (W.-F.-E.). — Verfahren zum Aufbewahren von Milch. 14. Dezember 1899,
N. 112501.

DENAYER (A.). — Verfahren zur Bereitung von milchhaltigen Cacao-und Chokoladen-
präparaten. 4. Februar 1899, N. 112220.

EGLOFF & Co. — Behälter für sauergefährliche Flüssigkeiten wie Milch. 25. Juli
1899, N. 110198.

HILDEBRAND (O.). — Milchvorwärmer für Milchschleudern. 6. Juli 1899,
N. 106689.

IHLE (A.). — Saugflasche mit besonderem Verschluss für Saugpropfen. 29. August
1899, N. 112734.

KUMPF (H.). — Saugflasche mit Luftzuführung. 28. Februar 1899, N. 107049.

MALCHOW (M.). -- Verfahren und Vorrichtung zum Aufrahmen von Milch. 5. September 1899, N. 114161.

MÜLHENS (F.). — Saugflasche mit Einsatzstück für Gummisaugpropfen. 12. November
1899, N. 113496.

NECHANSKY (L.). — Milchkühler mit unter dem Röhrenkühler liegender Kühltrommel.
12. September 1899, N. 112794.

RAHE (C.). — Saugflasche mit Luftzuführung. 2. März 1899, N. 107585.

SEIL (L.). — Verfahren zur Herstellung eines leichtverdaulichen Caseïnpräparates.
2. August 1899, N. 116387.

SIEMSGLÜSS (G.). — Melkmachine mit zwei getrennten Saugräumen in den Melkbechern. 26. Juli 1899, N. 110441.

STIEGER (W.). — Milcherhitzer zum gleichzeitigen Sterilisieren und Vorwärmen.
7. Juli 1899, N. 112793.

1899 STRECKEISEN (F.). — Vorrichtung zum gleichmässigen Erhitzen oder Abkühlen von Flüssigkeiten wie Milch mittelst eines umlaufenden Heiz-bezw. Kühlkörpers. **17.** September 1899, N. 111948.

WENDEL (F.). — Regencrativ-Milcherhitzer. 3. October 1899, N. 112829.

1900 AHLBORN (E.). — Apparat zum Erhitzen und Pasteurisiren von Milch und anderen Flüssigkeiten. 9. Januar 1900, N. 114411.

ANDERSEN. — Melkmaschine mit Vorrichtung zum Aussetzen der Saugwirkung auf einzelne Zitzen. 21. Januar 1900, N. 118825.

AUBRY (L.). — Verfahren zur Herstellung von Käse aus Milch und vorbehandelter Hefe. 18. April 1900, N. 118667.

BERNSTEIN (A.). — Verfahren zur Herstellung eines alkoholischen Getränkes aus Honig und Molke. 28. Februar 1900, N. 118438.

DÜSSELDORFER MARGARINWERKE. — Verfahren zur Herstellung von Margarine unter Benutzung von eingedickter Milch. 9. März 1900, N. 115173.

MEIBOM (O. VON). — Milcherhitzer. 10. April 1900, N. 118568.

PLEIN-WAGNER (J.). — Milchentrahmungsapparat mit runder Steinzeugsatte ohne Henkel mit unter dem vorstehenden Rande eingedrehter Nuthe zur Befestigung am Wasserbehälter für Wasserkühlung. 24. November 1900, N. 147591.

RIEGEL (M.). — Verfahren zur Fallung von Caseïn mittels Aethylschwefelsäure. 31. Mai 1900, N. 117979.

3. — *Brevets anglais.*

1899 BLACKLER (H.-J.). — Apparatus and method for the preparation of artificial human milk. September 18, 1899, n. 18798.

BÜCKA (H.-J.), HANSEN (C.) & WIMMER (O.-B.). — Process for preserving milk. June 5, 1899, n. 11664.

DAIRY OUTFIT Co. & WEBSTER (W.-T.). — Apparatus for testing milk and other substances. August 9, 1899, n. 16185.

JANSON (C.). — Preparation of sterilized milk powder. October 14, 1899, n. 20626.

WEBSTER (W.-T.). — Fat testing instruments for milk and milk products. August 24, 1899, n. 17150

1900 ANDERSEN (P.). — Milking machine. March 31, 1900, n. 6043.

BARR (J.). — Cow-milking machines. January 31, 1900, n. 1939.

OHLHAVER (H.). — Centrifugal (milk etc.) separators. June 13, 1900, n. 10762.

4. — *Brevets américains.*

BABILLION (J.). — Process of condensing milk. February 6, 1900, n. 643032. **1900**
BOTHWELL (D.). — Milk-cooler. July 24, 1900, n. 654220.
CONDRON (M.-M.). — Cow milking-machine. August 7, 1900, n. 655200.
CUSHMAN (M.-J.). — Cow milking-machine. July 17, 1900, n. 654091.
DEAN (W.-V.). — Milk-cooler. July 3, 1900, n. 653072.
DINGON (J.-C.). — Milking device. January 16, 1900, n. 641441.
ERNST (N.). — Milk-heating apparatus. March 13, 1900, n. 645316.
FELDMEIER (H.). — Centrifugal milk-tester. April 10, 1900, n. 647180.
GERMAN (J.). — Milk-cooler. November 13, 1900, n. 661862.
GIFFORD (F.-V.). — Milk-pasteurizing apparatus. August 28, 1900, n. 656786.
GRÆFF (F.-W.-H.) & GEISLER (J.-F.). — Process of making milk sugar. May 1, 1900, n. 648490.
HIRSCH (P.-O.). — Milk cooler, aerator and separator. May 15, 1900, n. 649604.
KLEIN (D.) & SCHWARTZ (W.-P.). — Milking apparatus. January 2, 1900, n. 640206. — February 27, 1900, n. 644179.
LAWRENCE (W.-H.) & KENNEDY (R.). — Milking apparatus. January 23, 1900, n. 642044. — March 27, 1900, n. 646183.
MC AREAVY (J.-J.). — Milk-cooler. March 27, 1900, n. 645969.
MITCHELL (J.) & LARSON (H.-C.). — Milk-sterilizer. January 9, 1900, n. 640789.
MOWER (C.-H.). — Apparatus for heating milk for stock. March 6, 1900, n. 645042.
MYERS (J.-A.). — Milk-cooling apparatus. October 9, 1900, n. 659375.
ROTH (R.-D.). — Cow-milker. December 18, 1900, n. 663930.
SALENJUS (E.-G.-N.). — Process of treating milk. May 1, 1900, n. 648798.
SHIELS (A.). — Milking-machine. July 24, 1900, n. 654331.
SIMMONS (G.-F.). — Milk heater and aerator. April 10, 1900, n. 647121.
SMITH (P.-C.). — Milk and cream separator. October 9, 1900, n. 659494.
STRAUSS (E.). — Home milk-modifier. January 9, 1900, n. 641052.
STRAUSS (E.). — Milk-modifying apparatus. March 20, 1900, n. 645875.
THATCHER (W.-R.) & HUSSEY (N.-W.). — Cow milker. May 29, 1900, n. 650572.
WINKLER (E.). — Milk separating apparatus with syphon arrangement. April 3, 1900, n. 646778.
WRIGHT (A.-B.). — Automatic apparatus for weighing and delivering milk. September 18, 1900, n. 658053.

TABLE DES NOMS D'AUTEURS

A

B

C

D

E

Eastes (L.). — IV, 155.
Ebermann. — X, 616.
Eckervogt (R.). — X, 633.
Edson (C.). — XIII, 726.
Eichhorst (H.). — IX, 583.
Emery (F.-E.) & Johnson (J.-M.). — XIV, 845.
Engelne (N.-F.). — XVII, 1080.
Engstrœm. — IX, 566.

Entz (Mlle). — XVII, 1097. XVIII, 1209.
Epstein (S.). — V, 253, 254.
Erœss (J.). — XVI, 978.
Escherich. — XVIII, 1210.
Espine (A. d') & Picot (C.). — XVI, 1024.
Eury (J.). — XIX, 1272.
Evans. — XIII, 700, 728.
Eyre (J.-W.-H.). — VI, 353.

F

Falcke (Fr.). — III, 99.
Falk (C.-J.). — XI, 650.
Farez (P.). — XX, 1313.
Farrington (E.-H.). — III, 80. V, 255. XI, 660, 665. XII, 674. XIV, 846.
Farrington (E.-H.) & Russell (H.-L.). — VII, 412.
Fascetti (G.). — V, 256.
Feer (E.). — XVI, 1025.
Feige (F.). — XVI, 979.
Féron. — XII, 671.
Ferraud (Ch.). — XVIII, 1211.
Ferris. — I, 14.
Ferville (F.). — XIV, 892.
Feser (J.). — V, 161.
Fincke (B.-A.-L.). — I, 15.
Findlay (J.-H.). — XIV, 825.
Finkelstein (H.). — XIX, 1273.
Fischer (L.). — XVIII, 1212.
Fischer (L.) & Poole (H.). — XVIII, 1154.
Fjord (N.-J.). — V, 170. VII, 392. XI, 656, 657, 658. XIV, 788, 795, 797, 798, 800.
Flachs (R.). — XVI, 1026.

Flandrin. — XV, 947. XVI, 1027.
Fleischmann (W.). — V, 168.
Fontaine (A.). — XVI, 1028.
Fontanals (F.). — III, 126.
Fortuna. — VII, 413.
Fosbroke. — XIII, 727.
Fotheringham (J.-T.). — XVIII, 1213.
Fournier (A.). — XX, 1305.
Fournier (C.). — XVI, 980.
Frænkel (C.). — XIII, 752.
Franzius (J.-G.-F.). — I, 8.
Freudenreich (Ed. von). — III, 127, 128, 129.
Freudenreich (E. von) & Jensen (O.). — VI, 354.
Freytag, Werner, Eisbein, Fleischer & Havenstein. — I, 21.
Friedmann. — XVI, 1029. XIX, 1284.
Friis (F.). — III, 100, 130. V, 180, 189. XIV, 807, 808, 812, 820, 847.
Frost (H.-R.). — XIII, 697.
Fürst (L.). — VII, 394. XVI, 1030. XVIII, 1214.

G

H

I

J

M

P

R

S

T

U

V

W

X

Y

Z

MACON, PROTAT FRÈRES, IMPRIMEURS

www.ingramcontent.com/pod-product-compliance
Lightning Source LLC
LaVergne TN
LVHW021750170726
843503LV00004B/1801